编写工作分工

本书是北京教育学院学生发展研究中心专家季苹、涂元玲、赵雪汝等指导北京市昌平区昌盛园小学"学生健康自我成长课程"开发团队的老师们编写完成的。编写分工如下：

谢　悦，第一课时；

杨雪艳，第二课时；

王慧芳，第三课时、第五课时；

谭　念，第四课时；

李　响，第六课时、第九课时；

刘爱平，第七课时；

李晶鑫，第八课时、第十课时；

周晓芳、李晶鑫，全书统稿。

学生健康自我成长课程

主　编　季　苹

副主编　涂元玲　赵雪汝　杨　玲

我在长大

周晓芳　李晶鑫　主编

教育科学出版社
·北京·

扫一扫，下载教学用 PPT

"学生健康自我成长课程"说明

这是一套响应国家对孩子们健康成长的深切关怀，基于研究者对学生发展和健康自我成长的长期学习和思考，由北京教育学院学生发展研究中心的研究者和基地学校的校长、老师共同开发的课程。

对"自我""健康自我"与"健康自我成长"的理解

在本课程中，"自我"是科学研究中的概念，不是日常话语中的"自我"。日常话语中的"自我"有时与"自私"接近，而科学研究中的"自我"是中性的科学术语。世界上没有两片完全一样的叶子，同样也没有两个完全一样的人。我们认为，每个人的自我不一样主要是由两个方面决定的：第一是需要不一样，第二是遇到事情的反应模式不一样。这就是自我的两个密码：需要密码和反应密码。

从个人与社会之间的关系看，"健康自我"主要包括个人自身、人际关系和环境适应三个方面。个人自身的健康发展主要表现为有觉察、调节和控制自己情绪的基本能力，了解自己的优缺点和内心需要，会进行自我规划；良好的人际关系主要表现为有同理心，善于沟通，拥有人际交往的能力，有亲密的朋友；良好的环境适应主要包括对自己生存的社会环境和自然环境的适应，表现为能够解决面对的问题和挑战，关心家庭、学校、社会和自然环境，了解和认同社会规范，有丰富的社会情感和基本的生活能力。三个方面由近及远，前者是后者发展的基础，后者的发展又反过来推动前者的发展。

健康自我的特征可以分为表现性特征、本质性特征和反省性特征三个层面。表现性特征是可以直接感受到的描述性特征，如积极应对问题、善于倾听、敢于表达自己的想法等；本质性特征是决定表现性特征的根源性内容，也是让表现性特征具有本质意义的特征，如在倾听中协调自己和他人的需要，从而产生爱和理想等；反省性特征体现自我的反身性，属于"元认知"，也就是通常所说的"自我意识"，主要包括情绪觉察、对需要是否合理的意识、对事实与意见即客观与主观的区分等。

"健康自我成长"总体上说也存在三个层次：情绪能力的发展、社会情感的发展和道德的发展。情绪能力主要指情绪觉察能力、情绪理解能力和情绪调节能力；社会情感是对社会的了解、认同，尤其是对社会对自己成长的意义的理解；道德是对自己、他人和对社会、自然的责任感。这三个层次体现了人从本能控制的自我走向社会性的自我然后走向道德自我的过程，是以自我的本质内涵的变化为划分标准的。

青少年尚处于发展阶段，其心理健康教育要以道德健康为方向，即要让他们初步理解爱、责任和理想是人生活的意义和获得幸福的原因。同时，青少年的道德健康要以心理健康为基础，也就是要让他们在保证自己安全和力所能及的情况下承担责任，在与人相处的过程中、在集体生活中逐渐产生社会情感。

学生对自我的认识以及学生自我的成长离不开家长、老师和同学等重要他人。"学生健康自我成长课程"从来不是学生独自学习的课程，而是师生一起学习的课程，也是孩子和父母一起学习的亲子课程。

"学生健康自我成长课程"的性质、目的与目标

本课程是在前面整体理解"自我""健康自我"及"健康自我成长"内涵的基础上设计的。性质是课程的定位，目的和目标是课程的灵魂，内容结构和活动是

课程的载体，后面谈到的互动、体验和练功①是课程的机制。

"学生健康自我成长课程"的性质是心理成长课程，但又有其特殊性

本课程是心理成长课程，关注学生内心世界的成长，也就是相对于"身"的"心"的成长。

我们关注学生道德的形成，但本课程将道德形成的心理基础作为主要目标，即将情绪觉察、情绪理解和情绪调节作为目标，将社会情感的形成和丰富作为目标，将对自我的灵魂的理解即爱和理想作为目标。

为什么不称其为"心理健康课"或者"心理成长课"，而是将其命名为"学生健康自我成长课程"呢？本课程是以对"自我"的理解为理论基础的，强调健康自我的整体性发展，即健康自我成长是以对"自我"的两个密码——需要密码和反应密码的理解和调节为轴心的螺旋式上升的过程。本课程与其他心理课程有很多相似之处，但具体内容和课程结构有自己的界定。

"学生健康自我成长课程"的目的是有层次的，并决定了课程内容的结构

本课程总的目的是帮助学生理解健康自我和形成健康自我发展能力。围绕这个总的目的，将健康自我内容的三个方面以及健康自我成长的三个层次结合起来考虑，形成四个层次的目的：第一层次的目的是要帮助学生学会情绪觉察和情绪理解，并让他们理解自我的两个密码，形成对自我的基本认识；第二层次的目的是要让学生理解美好的情绪情感，学会人际交往；第三层次的目的是丰富学生的社会情感，让学生理解融情商和智商为一体的大智慧；第四层次的目的是让学生在新的自我认识的基础上开始自我规划，成为负责任的自我。

本课程的整体内容结构主要是按照以上四个层次的目的安排的。

进一步说，"学生健康自我成长课程"的根本目的是学生幸福感的获得和健康自我发展能力的形成，即让学生在学习过程中获得幸福感，形成健康自我发展能力，实现真正的健康成长。获得幸福感包括能够有效地解决自己的问题、理解

---

① 本书中的"练功"指让学生自觉地将健康自我的知识和技能落实为一系列的行为习惯，练出健康自我的行为反应模式。

自己和他人、丰富自己的社会情感、让自己的心灵变得越来越滋润等。对应"幸福"目的，本课程在内容结构上有一个特殊的安排，即在关注问题解决的同时，还关注学生以怎样的心态解决问题。因此，我们在课程内容中增加了学生对美好情感的回忆，并使其在解决问题的过程中重视"美好回忆"的作用。

"学生健康自我成长课程"的目标是让学生形成真实的、可持续的健康自我发展能力

健康自我三个层面的特征（表现性特征、本质性特征和反省性特征）从理解健康自我的角度看是相对独立的，但是从目标实现的角度看，三者必须齐头并进、相互交融。让学生形成真实的、可持续的健康自我发展能力，是本课程的目标。如果学生能够理解表现性特征与本质性特征互为表里的关系，掌握具有本质意义的知识和技巧，就会形成真实的健康自我，而不是表面的健康自我。如果学生能够不断进行自我觉察和反思，就能看到自己成长的需要、成长的过程、成长带来的变化和成长的意义，就会不断地推动自我的发展，形成主动的、可持续发展的健康自我，形成健康自我发展能力。

"学生健康自我成长课程"的设计原则

本课程设计中我们主要遵循了以下几个原则。

以"螺旋式上升"保障健康自我成长及其同一性

课程是为学生成长设计的通道，对应"成长"，这个通道应该是自然"上升"的，而且"上升"是持续的，是前后"同一"的。这里的"同一"是心理学"自我同一性"中的"同一"，有统一、整合和自我确认的含义。这种"上升"在课程设计中通常被称为"螺旋式上升"，是课程设计的难点，也是我们努力的重点之一。要理解"螺旋式上升"，有两个关键点："螺旋"是什么？螺旋围绕的"轴"是什么？回答这些问题的过程实际上就是确定课程设计原则的过程。

发展与基础相结合的原则。成长是有层次的，是能够感受到"拔节"的。有

了多个层次的考虑，教育的"引领"以及学生的"成长"才可能发生。但是，层次不是截然划分的。例如，在帮助学生理解"情绪觉察"的时候，需要帮助学生理解情绪觉察的意义、情绪觉察与情绪调整的关系，否则，学生会被动地进行情绪觉察。这样的安排实际上是以情绪觉察为重点的从情绪发生到调整过程的小循环。这个循环不是水平的，而是从基础到发展、从过去向未来的自下而上的循环。这就是"螺旋式上升"。在这个过程中，学生在教师的带领下不断在过去中看到未来，又在当下的发展中体会过去基础的意义，这样的"螺旋式上升"保证了学生的"成长"。

以自我密码为轴心的原则。上升的"轴"是什么？自我同一的核心是什么？就是自我的两个密码：需要密码和反应密码。随着内容的丰富和拓展，对需要密码和反应密码的理解会不断丰富和加深；反过来，对需要密码和反应密码的不断理解又会统整越来越丰富的内容，让自我在丰富的同时，避免碎片化现象；内容得到整合，内核得到加强，成长的能力得到发展。

自我发展的原则。相信学生有自我发展的能力，并创造条件让学生实现自我发展。没有自我的主动发展，就不是自我的成长。这里要说明的是，教师要时刻收集客观信息诊断学生的成长需要和可能的进步幅度，而不要凭主观臆断低估或高估学生。

要为学生的"主动的看得见的成长"创造条件

以真实问题的解决为主要学习方式的原则。只有在解决面临的真实问题的时候，学生才会全身心投入地为自己而学，才会感受到成长，才会理解学习的意义。这样的主动是真正的主动。在本课程中，我们坚持将真实问题的解决作为学习与活动的主要方式，故事和游戏等其他方式只是课程的"配料"和"升华"。

以真实的成长需要决定内容取舍的原则。成长需要一定的挑战，让学生感受到自己"拔节"的过程。学生面对挑战时，一方面，解决这些有难度的问题是他们的真实需要；另一方面，解决这些有难度的问题也是他们愿意冲破重重困难的最强动力。问题解决中所蕴含的有效的实践逻辑和智慧一旦被揭示出来，学生完全可以感受和理解。由此可见，让学生接受挑战既有客观必要性，也有现实可能性。

要让学生同时看见外在和内在变化的原则。自我的成长要让学生自己看得见。首先是能够解决学生面临的真实问题，其次是要在解决问题的过程中帮助学生形成问题解决的能力。在这里，"问题解决能力"不是抽象的，它在本质上就是形成适合自己、他人以及外在环境的一系列反应模式，也就是一系列"功夫"。再往深处看，学生还要看见反应模式调整的背后有自己需要的调整和才能的调整，包括毅力和自信的变化。也就是说，学生不仅能看到当下的问题解决，还能看到内在的对未来更有意义的健康自我的成长。

让学生在"意义"的推动下学习

首先是有意义教学的原则。本课程中的教学过程不是过去的"知识技能—练习"过程，而是"真实问题—意义—知识技能—练习"的过程。从问题和意义开始，让学生自己生成解决问题的办法，充分尊重了学生的自尊，这样的过程才是一个健康自我成长的过程。

其次是重视情绪的积极运用的原则。在问题解决过程中，我们既重视情绪的控制，也重视情绪的积极运用。我们教给学生身心放松术，也觉得美好的回忆更能让人平静。我们希望学生有直面问题的勇气和能力，更有因为美好而形成的积极的情怀和心态。

最后是真实学习的原则。本课程的课堂是开放的，有大量的学生讨论，我们鼓励和期待学生表达生活中的真实困惑，让学生的真实自我充分发展，从而避免配合成人要求的虚假自我的形成。

以活动为主要形式，以互动、体验和练功为成长的基本机制

成长是需要机制的，因此对健康自我成长机制的认识也是进行课程设计所需要的基本认识之一。成长需要活动，而且是真实问题解决的活动，不仅有外显的行为，更有心理活动。活动是形式，互动、体验、练功等是机制。人的存在是社会性存在，自我需要的满足常常与他人有关，因此，互动是自我成长所需要的基本机制。体验是情绪情感发展或者说自我唤醒的基本机制，本课程中的"情景再现""情绪剧场"等都是课堂体验活动的形式。练功是学生成长的根本机制，没有练功，学生的学习会停留在认知上，无法转化为能力。本课程所设计的各课时的练功分享、两次"大功"的练功分享以及最后汇集的《健康自我成长·学生练功作品集》，都将鼓励学生坚持练功，感受练功带来的成长。

以嵌入的方式进行系统知识和技能的教学

问题解决是外在的成长，问题解决能力的形成是内在的成长，而后者是需要设计的。本课程将系统的知识和技能学习嵌入真实的问题情境中，让学生在问题解决的过程中自然生成和总结出系统的知识和技能。我们在教学用书编写中遇到的最重要也最艰难的工作首先是对"健康自我成长"的系统理解，然后将这种系统理解转化为学生所需要的具体知识和技能，并将其明确为目标，设计出相应的活动。这样设计出来的活动不是碎片化的，可以保证学生在活动中获得系统的知识和技能。

"学生健康自我成长课程"的特色

本课程的资源包括教学用书、学习手册以及今后要创设的练功分享平台。这是一套拿来就能用，但需要长期坚持学习的课程，具体来说，有以下特色。

教育理论工作者与一线教师合作完成，实现理论与实践的结合

明晰教育者的理想、理念和了解孩子们的生活是编写教学用书的两个基本条件，因此，教育理论工作者与一线教师是编写教学用书的最好搭档。"学生健康自我成长课程"就是由北京教育学院学生发展研究中心的研究者与几所项目基地校的教师们合作编写的。大家一起研究、一起学习、一起编写教学用书、一起试教、一起讨论修改。这是一个理论与实践相互促进、从无形（仅有想法）到有形（落实到活动）的美好的过程，是一个共同成长的过程。

站在使用者角度，对教学过程进行了相对完整的设计

本课程的每个单元、每一课时都有清晰的目标，表达明确而且便于操作；活动与目标的对应保证了教学的方向性；指出了难点及突破难点的方法；说明了开展活动要准备的材料并尽可能提供；有从"开课了"到"我学到了"全过程的具体设计，有每个环节如何引导的"说明"；每个课时都提供了相应的理论依据，每册教学用书都提供了参考文献；配合每册教学用书设计了教学用的PPT……。这些都保证了教学用书"拿来就能用"，不仅老师能用，家长也能用。

每册书一个主题，便于集中学习和练功

本课程每册书都有一个主题，让学生在一个学期内完成相对完整的某一方面知识、技能的学习和练功，使学生能够在一学期结束时感受到自己的成长。本课程每学期共10个课时，前8个课时是系统学习，每周1个课时，连上8周；后2个课时是两个"大功"的练功分享，可以隔3周上一次，间隔期间每周安排一些时间让学生们自己交流练功的情况。练功是成长的基本方式，我们重视学生的练功分享，期待他们在练功中成长！

学习手册是学生自学的参考，也是学生的健康自我成长"秘笈"

学习手册的内容包括学习目标、主要学习内容、课堂练习以及课后练功记录；有生动的插图，也留出空间供学生记录练功情况。随着学习的进行，学习手册将成为学生学习和练功情况的完整记录，也是学生的健康自我成长"秘笈"。

课程设计螺旋式上升，需要坚持长期学习

本课程虽然每册书有一个主题，但核心内容都是围绕对情绪及其背后的自我的理解展开的，有很强的内在联系。因此，对本课程来说，系统学习效果会更好。系统学习和练功需要坚持，教师引导、同伴学习、亲子学习都会给长期坚持提供助力，更重要的动力来自学生在长期坚持学习的过程中所感受到的自身的成长。

以系统思考为基础进行设计

本课程之所以能够形成以上特色,是因为我们经历了对"健康自我成长"的系统思考以及对课程设计和实施的系统思考。我们相信,系统的课程才真的能"拿起来好用",才能帮助学生形成和发展能力。

感谢和期待

2012年,我们开始在"学生健康自我成长"这一领域进行系统研究,于2014年出版了《理解自我》一书,为后续的课程开发打下了扎实的理论基础。在此基础上,针对当下我国教育实践中学生发展的具体需求与问题分析,通过与实践领域同行的讨论,我们开发了这套"学生健康自我成长课程"。

本课程的开发得到了北京教育学院领导和基地校所在区县领导的大力支持,基地校的校长和参与的老师们也为此付出了艰辛的努力。课程开发成果的整理和出版得到了教育科学出版社的大力支持。在此,我们一并深表感谢!

期待"学生健康自我成长课程"能够让学生受益,让他们获得实实在在的成长和幸福!

本册编者对您说

　　学生幸福感的获得与健康自我的发展是我们在"学生健康自我成长课程"执教路上前行的不竭动力。历时三年，阅尽前六册的精彩内容，我们与学生一路漫步在健康自我成长的美妙世界里。现在，第七册《我在长大》一书呈现在您的面前。

　　这是一册"有来头"的书。它像一颗果实，沿着学生健康自我成长课程的"根脉"生长而来。从《我的情绪辞典》与《我是密码高手》，让学生学会觉察与理解情绪，到《我的美好时光》《我的幸福法宝》与《我会交朋友》，让学生理解美好的情感并学会与人和谐相处，再到《世界因我更美丽》，丰富学生的社会情感与责任感并让他们懂得传递爱，一点一滴，学生的健康自我成长得越发稳固，对"长大"与"智慧"话题的探究也水到渠成。

　　这是一本与"长大"有关的书。正如每个人的内心都存在父母、儿童、成人三种状态一样，不论是孩子还是大人，"长大"是每个人终生都要面对的话题。学着更好地长大，是健康自我发展的一个重要方面。对正进入青春期的孩子来说，"长大"还有更多含义：长大的身体与矛盾的思绪，习惯依恋又渴望独立，拥有梦想又担心失败，想要自己做决定又不知从何做起……。本书正是在这些真实的生命体验与生活历程中，带学生去探寻长大的真谛，收获长大的快乐。

　　这还是一本让学生从"小我"变成"大我"的书，是一本"智慧手册"。第一单元"想不想长大"，引导学生消除对"不想长大"的误解，知道不论大人还是孩子都有一颗不想长大的童心，从而悦纳自我；引导学生辩证地理解长大有快乐也有烦恼，解决烦恼就会收获成长中更大的快乐。第二单元"我会温暖自己"，教学生在挫折中拥抱自己，在平淡中滋养自己，真正做自己的朋友，学会爱自己；引导学生接纳自己的不完美，为自己种一个梦想，给自己温暖。第三单元"我要做决定"，让学生理解只有根据自己的感受与需要做出的决定才是适合自己的，教给学生做不同类型的决定的方法。第四单元"我有大智慧"，引导学生区分小聪明与大智慧，让学生懂得坚持不懈、协调生活图景的各个方面、向他人借"慧眼"都是大智慧，拥有这样的大智慧，就能快乐、自信、独立，就能智慧地长大。第五单元"'大功告成'：我的练功单元"主要围绕"我这样做决定"和"借我一双'慧眼'"进行深入练功，让学生进一步掌握合理做决定与学习他人智慧促进自身成长的好方法。由此，学生由"小我"到"大我"，健康自我获得"拔节"生长。

愿您能与学生一起学习本书，在对自我的觉知与探索中，在对自由与确定性的平衡中，在对长大与永葆童心的协调中，获得成长。

本书的各个章节都是围绕"长大"这一话题循序渐进展开的，老师们在教学中应充分理解不同章节的教学目标，尽量不调整章节顺序。课堂上应多让学生分享与交流，让他们充分融入课堂，必要时再给予引导、点拨，从而使学生积极调动自身资源，更深入地体会长大过程中面临的各个"议题"，在学习中思考，在经历中思考，在思考中成长。课后应提醒与指导学生及时练功，让他们多与同学交流，从而提升学生解决实际问题的能力，让他们更好地将所学内容落实到日常生活中。

CONTENTS 目 录

▶ **第一单元　想不想长大** / 001

　第一课时　不想长大　/　003
　第二课时　长大的快乐　/　013

▶ **第二单元　我会温暖自己** / 023

　第三课时　做自己的好朋友　/　025
　第四课时　做自己的小太阳　/　036

▶ **第三单元　我要做决定** / 045

　第五课时　自己做决定更好　/　047
　第六课时　我这样做决定　/　058

▶ **第四单元　我有大智慧** / 071

　第七课时　小聪明变大智慧　/　073
　第八课时　智慧地长大　/　082

▶ **第五单元　"大功告成"：我的练功单元** / 097

　第九课时　"我这样做决定"练功分享　/　099
　第十课时　"借我一双'慧眼'"练功分享　/　103

参考文献 / 108

 我在长大

单元目标

1. 体会"不想长大"的想法是正常的,珍惜孩童时被家人关爱、依恋家人的美好。

2. 体会大人也有一颗"不想长大"的心,感受童心的美好,理解童心将伴随人的一生。

3. 充分感受和分享长大过程中的快乐,寻找快乐,让自己的生活更充实。

4. 体会在解决长大的烦恼的过程中得到的不一般的快乐。

单元内容结构

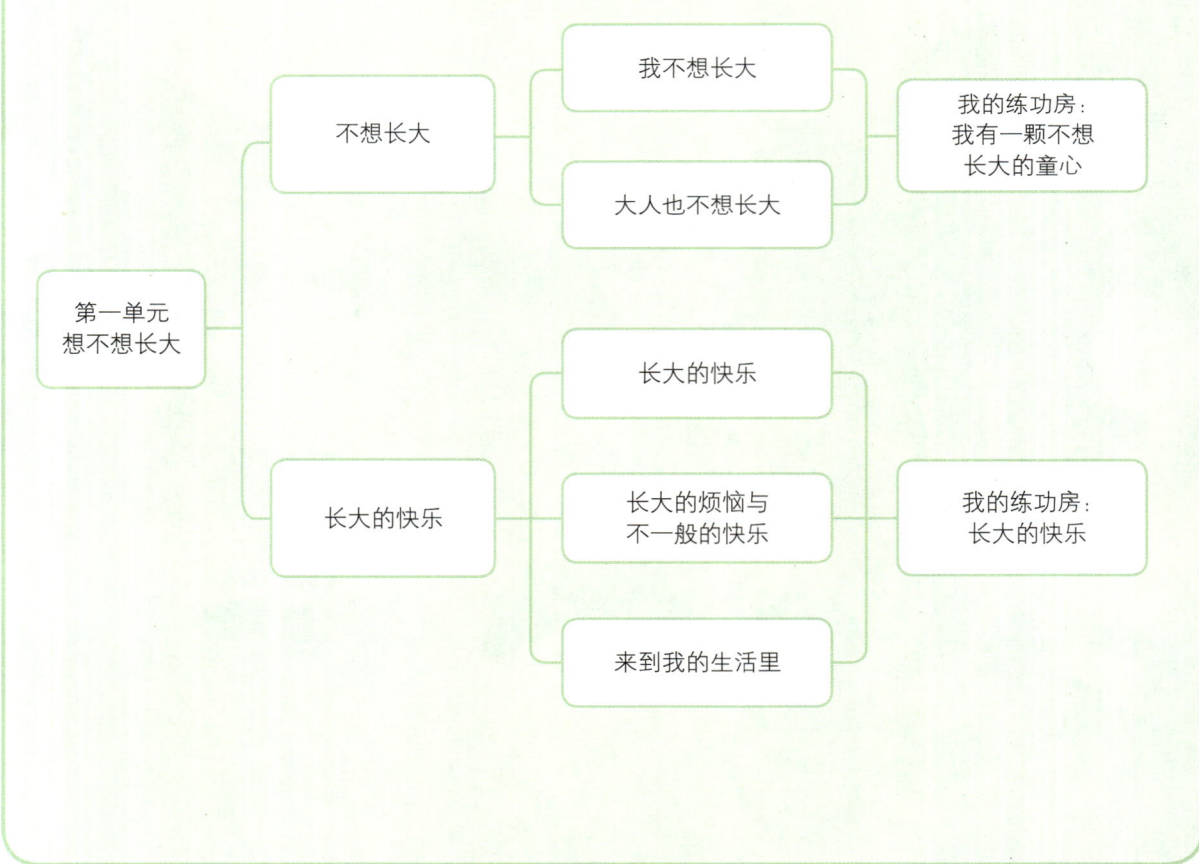

第一课时　不想长大

课时目标

1. 体会"不想长大"是对无忧无虑的美好生活的怀念和对困难的回避,是可以理解和接纳的。
2. 体会"不想长大"的心是童心,包含对家人的依恋之心和对世界的好奇之心,感受童心的美好,理解童心将伴随人的一生。

活动安排

名称	目标	准备	难点
活动一　我不想长大	目标1	无	区分依恋与依赖
活动二　大人也不想长大	目标2	无	理解大人也有一颗童心以及童心将伴随人的一生

日常修炼

七级功夫第一招:我有一颗不想长大的童心。

 我在长大

理 论 依 据

每个人都有一颗童心，这是因为"童心"代表着人的一些基本需要，如对人的依恋、对事物的好奇等。这些基本需要会伴随我们一生，即使我们长大了它也会以含蓄的方式存在或者在某个时刻以某种方式呈现出来。

几乎每个人对家人都有依恋之情，这种依恋和依赖不同。依赖是不能甚至不想独立自主地完成任务，总想依靠他人的帮助；依恋则是可以独立完成任务，但依然想和重要他人进行情感上的交流。另外，每个人的心里都有自己独特的童年记忆，有美好的，也有不好的。"'儿童'中存储了大量积极的信息，比如创造力，好奇心，探索和求知欲，触摸、感受和体验的渴望，第一次发现新事物时自豪而质朴的情感。'儿童'中还记录了无数个重要的惊喜体验，无数生命中的第一次：第一次喝花园中水管里流出的水、第一次抚摸听话的小猫、第一次握住妈妈的奶头、第一次按电灯开关感受发出的光亮、第一次捞水中的肥皂泡等。在一遍遍重复地做这些重要事情的过程中，快乐的情感也被记录下来。"[1] 这些好的记忆就是好的"儿童"的状态，它使人在长大后会不由自主地想回到或者直接回到这种状态，这就是沟通分析理论的早期研究者艾瑞克·伯恩（Eric Berne）提出的"儿童"的状态。艾瑞克·伯恩认为，每个长大的人并不都是一直处于"成人"的状态，而是在"成人""儿童"和"父母"三种状态之间变化，即时而像儿童那样冲动，时而像父母那样表现出关爱或严格要求，时而又表现出成人的理性。这三种状态对于每个人都是有意义的。"儿童"的状态是快乐的、乐于创造的、自发的、直觉的、享受的，因此，表现出或者想回到"儿童"的状态是正常的、健康的。

---

[1] HARRIS. 沟通分析的理论与实务：改善我们的人际关系 [M]. 林丹华，周司丽，译. 北京：中国轻工业出版社，2013：26.

开课了（8分钟）

同学们，上学期我们学习了《世界因我更美丽》，还记得你的学习收获吗？

【说明】教师引导学生自己回忆，然后做适当总结。

假期里你们练功了吗？练了什么功？谁愿意和大家分享一下你的练功感受？

经历了一个假期，感觉你们又长大了。这学期我们一起学习的主题正是"我在长大"，快来打开《我在长大学习手册》，读读老师写给你们的信吧！

【说明】教师引导学生感受此刻快乐的情绪，将学生带入积极的学习状态。

老师想问问大家：你们想长大吗？

【说明】学生的回答可能是想快点长大，也可能是不想长大，还可能是既想长大又不想长大。教师可追问：你们觉得哪种想法正确？学生可能有不同的回答，也可能不知道怎么回答。教师要对学生的回答给予回应，特别要指出既想长大又不想长大的状态非常正常。

不管是想长大，还是不想长大，你们的想法都是可以理解的。这节课我们先来讨论"不想长大"的话题。

活动一　我不想长大（18分钟）

1 情景故事

不想长大的小曼

教室里的时钟滴答滴答走着，小曼焦急地一遍遍看表，期盼着快点放学，因为她央求了爸爸好几天，爸爸才答应放学后带她去探望生病住院的妈妈。妈妈已经住院半个月了，在没有妈妈陪伴的日子里，小曼很难受，她太想念妈妈了，迫不及待

我在长大

想要见到妈妈。

终于放学了，小曼看到等在校门口的爸爸，飞快地跑了过去。随爸爸到病房后，一看到坐在病床上的妈妈，小曼就扑进了妈妈的怀抱，眼泪一下子流了出来。她哭着说："妈妈，您好点儿了吗？您什么时候才能出院回家呀？"妈妈抱紧了小曼说："快了，快了，过两天妈妈就回家啦。""妈妈，您知道我有多想您吗？白天上学时，我会时不时地想您；晚上关灯后，我独自躺在床上，就更加想您了。还有，以前都是您送我上学，现在爸爸送我。爸爸还要忙工作，只能每天早早地把我送到公交站。坐在公交车上，我又困又冷，有一次还差点儿下错了站！""小曼，你都六年级了，要有一些基本的独立生活能力，我这样做也是为了锻炼你。"爸爸在一旁说道。这时，妈妈看到了小曼微微发红的手，紧张地问："小曼，你的手怎么了？"小曼委屈地说："昨天我煮面的时候不小心烫伤了，爸爸回来后给我涂了药。对了，我特别馋妈妈做的红烧肉！"等不及妈妈说话，小曼继续说："妈妈，我好想让您每天都在我身边呀，我有好多事想跟您说呢！"

妈妈温柔地对小曼说："小曼，你已经长大了，有些事情可以自己做主了。妈妈出院后也得忙工作，不可能总陪着你。你想吃红烧肉，妈妈可以教你做呀。这样，慢慢你就可以独立了。""妈妈，您说得对，但我就想吃您做的，您理解吗？""可是，小曼你现在已经长大了呀。""妈妈，我不想长大。"……

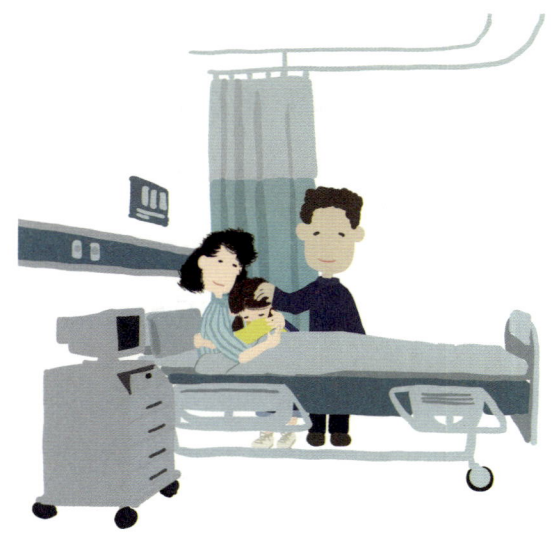

2 讨论

（1）妈妈不在家时，小曼有过哪些情绪？

【说明】有坐公交车又困又冷时伤感的情绪，有晚上一个人睡觉时孤独害怕的情绪，有不能和妈妈分享时失落的情绪。教师要引导学生结合自己的生活实际想象小曼可能有过哪些情绪。

（2）小曼为什么会产生这些情绪？

【说明】归根结底，小曼产生这些情绪的原因是她对妈妈的依赖和依恋。教师要引导学生区分依恋和依赖的不同：依赖指做事上的依赖，例如"送我上学"；依恋是心理上的依恋，例如妈妈说可以教小曼自己做红烧肉，但小曼依然只想吃妈妈做的红烧肉，这体现了小曼对妈妈的依恋。

（3）小曼不想长大的想法对吗？

【说明】可能有的同学认为对，也有的同学认为不对。认为对的，主要是接纳小曼对妈妈的依恋之情，而且觉得小曼毕竟还小，在心理上离不开妈妈；认为不对的，主要是因为有些事情小曼是可以自己解决的，例如自己上学、自己做饭等，但她有点过于依赖妈妈了，想回避困难。这时，教师可以引导学生思考：当我们面对困难时想寻求依靠、回避困难，这是否可以理解和接纳？要让学生理解：依恋是正常的，可以一直存在，但是，长期的依赖和回避会阻碍我们成长，让我们无法独立解决问题，这就不好了。

（4）你有过不想长大的想法吗？如果有，请你想一想：为什么会有这样的想法？

【说明】可能很多学生都有过不想长大的想法。教师要鼓励学生说出自己的真实想法，然后进行归纳：我们不想长大的主要原因有对小时候无忧无虑的美好生活的怀念、对父母的依恋、面对困难的畏难情绪等，"不想长大"这种想法是可以理解和接纳的。

3 活动小结

（1）不想长大是因为对父母的依恋。

（2）不想长大是因为怀念小时候无忧无虑的美好生活。

（3）不想长大是因为面对困难有畏难情绪。

（4）不想长大的想法几乎每个人都有，是可以理解和接纳的。

 我在长大

活动二　大人也不想长大（12分钟）

1　情景故事

小美爸爸还玩玩具呢

丁零零……，周五放学的铃声响起，豆豆高兴地冲出校门，坐车回家。一进家门，豆豆就扔下书包，直奔自己的宝贝玩具。妈妈闻声走过来，对豆豆说："怎么一到家就玩玩具？都这么大了，还玩这些！快别玩了，先去做作业。"听了妈妈的话，豆豆不情愿地拖着书包走进了书房，但一想到第二天能去小美家，他的嘴角又露出了笑容。

第二天，豆豆来到小美家。他一进门，小美就从一大堆玩具中跑过来迎接他。"天啊，你怎么有这么多好玩的！"豆豆惊叹道。小美一脸神秘地说："我这些都不算什么，我爸爸才厉害呢！"豆豆瞪大了眼睛，满脸疑惑。"不信我带你去我爸爸的书房，肯定让你大开眼界。不过，得先得到爸爸的允许。"说着，她看向坐在沙发上的爸爸。小美爸爸笑着说："今天豆豆来了，你们去书房看看吧。平时我都不让小美去的，怕她毛手毛脚，弄掉我的……"没等爸爸说完，小美已经拉上豆豆飞快地跑向书房。爸爸不放心，也赶紧跟了过去。

打开书房的门，映入眼帘的是满满一书架各色各样的动漫手办。豆豆立马被这些手办吸引了，惊讶地问："叔叔，这些都是您的吗？"小美抢着回答："没错，这些都是我爸爸的宝贝。"

豆豆还是不敢相

信，问道："叔叔，您都这么大了，还喜欢这些？"小美爸爸不好意思地说："我呀，平时工作忙、压力大，不忙的时候就喜欢玩这些手办，摆弄它们的时候我也能放松放松。"豆豆认真地听着，突然想起了什么，兴奋地对小美说："我妈妈房间里也有很多洋娃娃，下次你来我家，我也带你参观。""好的，一言为定！"小美高兴地回答。

回家路上，豆豆心想：原来大人心里也都住了一个长不大的"孩子"，太可爱了！于是，他开始盘算着回家怎么和妈妈沟通，好让妈妈允许自己玩玩具……

2 讨论

（1）看到小美爸爸有那么多玩具，豆豆有什么感受？大人有自己的玩具正常吗？为什么？

【说明】看到小美爸爸有那么多玩具，豆豆感到非常惊讶，同时也很羡慕。大多数学生会认为大人有自己的玩具是正常的，这说明他们也有一颗童心，体现为对事物的好奇之心。

我在长大

（2）豆豆这么大了还想继续玩玩具，怎么办？

【说明】首先，豆豆可以主动和妈妈沟通，告诉妈妈自己很喜欢玩玩具，适当玩玩具能让自己得到放松和休息，也有利于学习，而且自己会处理好玩玩具和学习的关系；其次，豆豆还可以跟妈妈说，他发现大人也会玩玩具，其实每个人都有一颗童心，童心真的很可爱，是可以保留的。豆豆这样沟通既能保持自己的童心，又能考虑妈妈的需要，是恰当的、合理的行动。

（3）除了有好奇之心，大人有没有依恋之心？

【说明】考虑到中国人情感表达大多含蓄，学生可能难以体会到大人对他们父母的依恋，可以通过下面这组插图引导学生理解大人对长辈的依恋（图中爸爸工作到凌晨，累得趴在桌上睡着了，梦到自己靠在爷爷的肩膀上，爷爷给了他很多安慰），然后让学生思考并举例说明大人的依恋之心。

（4）在你身边有没有这样童心未泯的大人？如果有，跟大家分享一下他们的故事吧。

【说明】学生可能会说：有爱玩玩具的大人；父母会撒娇，有依恋的一面；父母也会有淘气、不懂事的时候；大人有时也会像孩子一样冲动，而且也喜欢得到表扬。这样的大人很可爱，甚至很乖，和自己很像，跟自己也是平等的，充满活力和热情，给我们带来很多快乐。童心将伴随人的一生，会让人生变得更加美好。

3 活动小结

（1）大人也有一颗童心，有对家人的依恋之心和对世界的好奇之心。

（2）童心是美好的，是充满活力、乐于创造、开心快乐的，我们可以采取恰当的行动让它伴随我们一生。

我学到了（1分钟）

（1）几乎每个人都有一颗不想长大的心，不想长大的想法是可以理解和接纳的。

（2）不想长大是因为对家人的依恋；是因为有孩子般的好奇和冲动，想痛快地玩；是因为怀念小时候无忧无虑的美好生活；是想暂时回避当下的困难。

（3）童心是美好的，是充满活力、乐于创造、开心快乐的，我们可以采取恰当的行动，让它伴随我们一生。

我的练功房（1分钟）

七级功夫第一招：我有一颗不想长大的童心。

1 练功目的

珍惜自己对父母等长辈和朋友的依恋之心以及对世界的好奇之心，永葆童心。

2 练功要领

（1）体察自己对父母等长辈和朋友的依恋之心。

（2）体察自己对世界的好奇之心。

（3）接纳自己的童心萌动，并能合理行动。

我在长大

把你的练功故事用文字或图画的形式记录下来吧。可以填写在下表中,也可以在下面的画卷上画出来。

我有一颗不想长大的童心

	童心故事	恰当的行动
依恋之心		
好奇之心		

画出你的童心故事

第二课时　长大的快乐

课时目标

1. 充分感受和分享长大的快乐。
2. 体会在解决长大的烦恼的过程中得到的不一般的快乐。

活动安排

名称	目标	准备	难点
活动一　长大的快乐	目标1	无	理解豆豆在长大过程中享受到的快乐
活动二　长大的烦恼与不一般的快乐	目标2	无	理解小美烦恼的原因，体会如何动脑筋想办法解决烦恼、变得快乐
活动三　来到我的生活里	目标2	无	感受烦恼和不一般的快乐的情绪对比，体会成长

日常修炼

七级功夫第二招：长大的快乐。

 我在长大

理论依据

> 儿童的主要状态是快乐，而成人的主要状态是现实（理性）和负责（独立）。儿童的快乐主要来自无忧无虑和对父母的依恋之情。成人的快乐主要来自自由（可以自己做主）和成长。儿童在长大过程中要经历一个非常艰难的阶段，就是从无忧无虑到承担责任、从被照顾到能关心和照顾他人、从依恋到独立、从获取到给予、从被动到主动的转变过程。在这个过程中会有很多烦恼和痛苦，但恰恰是在解决这些烦恼和痛苦的过程中，儿童通过自己的努力和智慧，会获得自我成长和"不一般的快乐"[①]。

开课了（5分钟）

我还记得

大家记得上节课我们学习的主题吗？回忆一下，我们都学了哪些内容？

【说明】教师尽量让学生自己回忆，最后出示上节课"我学到了"中的内容即可。

---

① 关于"不一般的快乐"，参见：李红莲，张雪莲．我的美好时光[M]．北京：教育科学出版社，2019：4．

> **主题：不想长大**
>
> （1）几乎每个人都有一颗不想长大的心，不想长大的想法是可以理解和接纳的。
>
> （2）不想长大是因为对家人的依恋；是因为有孩子般的好奇和冲动，想痛快地玩；是因为怀念小时候无忧无虑的美好生活；是想暂时回避当下的困难。
>
> （3）童心是美好的，是充满活力、乐于创造、开心快乐的，我们可以采取恰当的行动，让它伴随我们一生。

练功分享

七级功夫第一招"我有一颗不想长大的童心"你练得怎么样？谁愿意跟大家分享一下你的练功故事？

【说明】引导学生根据练功目的和练功要领评价自己的练功情况。

导入新话题

随着时间的推移，我们已经慢慢长大了。长大了的我们会有哪些快乐呢？下面，我们就一起开启今天的学习。先来听听豆豆的故事吧。

 我在长大

活动一　长大的快乐（10分钟）

1　情景故事

豆豆长大了

升入六年级的豆豆又长高了许多，已经超过了妈妈。他经常帮妈妈拿她够不着的东西，还总爱和妈妈比个子。

爸爸这几天又去外地出差了，家里就剩下妈妈和豆豆。

这天放学，豆豆一进家门就看到厨房里妈妈半蹲在地上，手捂着肚子。豆豆赶紧跑过去，把妈妈扶起来。他看到妈妈脸色发白，额头上直冒虚汗，于是焦急地问："妈妈，您怎么了？"

"没事，就是突然感觉肚子不舒服，疼得厉害，可能是下班回来的路上着凉了，过一会儿应该就好了。"妈妈小声说。

"妈妈，我扶您去卧室躺会儿吧！"豆豆扶着妈妈走进卧室，又倒了一杯热水递给妈妈，说："妈妈，您先喝点热水暖暖肚子。今天您不舒服，晚饭就由我来做吧。不过我不会做，您得指导我才行。"

妈妈也缓过来一些了，笑着答道："好的。"

于是，豆豆在妈妈的指导下开始忙活起来，虽然手忙脚乱，但他心里很高兴。当豆豆把熬好的小米粥端给妈妈时，妈妈端在手里闻了好久。吃着自己做的饭，豆豆觉得特别自豪。

第二天放学回家，豆豆很神秘地走到妈妈身边，拿出一个盒子对妈妈说："妈妈，这是我给您买的。"妈妈打开盒子一看，是电热水袋。豆豆继续说："这是我在家门口的超市里给您买的电热水袋，您肚子再疼的时候可以把它放在肚子上进行热敷，这样能减轻疼痛。"

妈妈听了，既感动又疑惑地问："宝贝，你是怎么想到的？哪儿来的钱？"

"记得小时候我肚子疼时您给我用过。家里那个旧的电热水袋已经坏了，我就给您买了个新的。我是用存钱罐里的零花钱买的。"

听了豆豆的回答，妈妈的眼眶有些湿润了。她抚摸着豆豆的头，由衷地说："好孩子，妈妈这一病才发现，我的豆豆真的长大了！"说完，妈妈露出了幸福又欣慰的笑容。此刻，豆豆在妈妈的怀里，感到无比快乐！

2　讨论

（1）妈妈为什么会说"我的豆豆真的长大了"？

【说明】让学生站在妈妈的角度认真体会、充分表达。教师可以引导学生回到文本，在故事中找到体现豆豆长大的地方：个子长高了；会自己做饭了；有了自己的想法，用零花钱给妈妈买电热水袋；最重要的是，他能体会妈妈的需要，能照顾妈妈了。在这个过程中，让学生深入理解长大的内涵。

（2）在故事最后，豆豆为什么会感到"无比快乐"？你能体会到他的这种快乐吗？

【说明】让学生再次回到故事中，站在豆豆的角度，体会豆豆此时的快乐是一种长大的快乐。教师可以和学生一起总结出故事中豆豆都有哪些快乐：①个子长高的快乐；②做饭成功的快乐；③做自己想做的事（用零花钱给妈妈买电热水袋），能自己做决定的快乐；④承担起照顾妈妈的责任，能给予他人幸福的快乐。

（3）长大的快乐还有哪些？

【说明】让学生充分体会和分享自己长大的快乐。快乐的事越具体越好，比如"我会骑自行车了""我可以主动和妈妈商量事情了""我能帮助弟弟妹妹了"等。

3　活动小结

（1）长大的快乐是可以做一些原来不能做的事。

 我在长大

（2）长大的快乐是能自己做决定。

（3）长大的快乐是能给予他人幸福。

（4）长大的快乐还有许多，等着我们去发现和体验。

活动二　长大的烦恼与不一般的快乐（15分钟）

1　情景故事

小美的烦恼

这次数学考试小美考得不好，她十分难过。

回到家，她把成绩告诉了妈妈，本以为妈妈能安慰自己，没想到妈妈一看试卷就火冒三丈，斥责小美说："你考试的时候在想什么？有没有认真检查？都这么大了，怎么还这么不认真！你看，这道题你把50看成了56，自己写的数都能看错，太马虎了！"小美忽然想起来，自己做这道题的时候走神了，因为想到了和小曼约定周末出去玩的事，可能就是这样出错的。现在想想，她真是后悔。

妈妈接着说："还有这道题，你之前不是做过吗，怎么还是错了？"小美看了看，苦着脸说："妈妈，这道题我就没弄懂，当时就是照着例题做的，碰巧对了。"

妈妈生气地说："你不懂为什么不问呢？你已经上六年级了，是大孩子了，要对自己的学习负责，怎么可以不懂装懂糊弄自己呢？今后上了中学，学习任务会更重，对自己这样不负责是不行的！"

小美有点委屈，心想：每次做完老师留的作业，还要再做一些课外习题，时间那么紧张，要是在一道题上耽误很多时间，晚上其他活动都得泡汤了……

"小美，你想什么呢？妈妈的话你听见了没有？"妈妈一脸严肃地问。小美觉得妈妈变了。小时候，周末妈妈都带她出去玩，但自从上了六年级，妈妈的态度就变了——考好了可以出去玩，考不好就不能出去了。妈妈还经常提上中学的事情，一想到中学任务更重，小美就很迷茫，觉得没什么期待……。刚发现妈妈这个转变时，小美还觉得很惊讶，后来，慢慢也习惯了。"但这次，我和小曼约好了呀！还能去吗？不能去的话，怎么对小曼说呢？"想到这儿，小美强忍着眼泪，内心有个强烈的声音："我想回到小时候！我想要快乐！我不想长大！"

当晚，小美把这件烦心事写在了日记里，题目是"长大的烦恼"。

2 讨论

（1）上面的故事中，小美都有哪些情绪？这些情绪背后隐藏着哪些烦心事？

【说明】关注学生情绪觉察能力的持续提升。小美的情绪有：难过（因为考试成绩不好），失落（因为没有得到妈妈的安慰），后悔（因为考试时走神），委屈（因为自己已经尽力了，但没有时间把所有问题都弄懂），迷茫（因为想到中学任务更重），惊讶（因为妈妈态度的改变），担忧（因为不知怎么向小曼解释）……。教师要给予一定的引导，学生能体会到小美的情绪时教师要给予肯定。

学生体会到小美的各种情绪时，教师要适时追问，引出小美这些情绪背后的烦心事。小美的烦心事大体包括：①考试成绩不理想；②得不到妈妈的安慰；③想认真做事，不想走神，但还不能控制自己；④既要按时完成各项作业，又要把每道题都弄懂，时间不够用；⑤想到未来学习任务更重，觉得没什么期待；⑥妈妈变了，变得严格了，但自己还不适应，达不到妈妈的要求；⑦不知道怎么争取周末和小曼出去玩，不能出去的话怎么向小曼解释。

最后教师要引导学生思考这些烦心事归根结底是长大的烦恼，来自玩的时间更少了、父母的关爱方式变了、要更加严格要求自己、更加自律、承担更重的学习任务。

我在长大

（2）小美应该怎么面对这些烦心事？请你站在小美的角度，给她出出主意。

【说明】教师可以通过下表引导学生总结出小美该怎样面对烦心事。

情绪	烦心事	怎么面对
难过	考试成绩不理想	调整自己的需要，比如对自己要求不要太高、不要太急，或者能够看到成绩虽然不理想但在某些方面有进步
失落	得不到妈妈的安慰	和妈妈主动沟通，告诉妈妈自己很想得到她的安慰，但妈妈只考虑成绩，一味地严格要求，没有考虑到自己的情绪、内心的需要和自己已经做出的努力
后悔	想认真做事，不想走神，但还不能控制自己	提醒自己专心； 考试前适当放松，让自己心情平静地参加考试
委屈	既要按时完成各项作业，又要把每道题都弄懂，时间不够用	合理安排时间，有计划地解决不懂的问题； 不懂的问题要多钻研，自己实在弄不懂的要及时请教他人； 认真听讲，提高学习效率和学习质量
迷茫	想到未来学习任务更重，觉得没什么期待	美好憧憬法——想象未来可能发生的美好的事； 期待自己未来成为一个成功的人，现在就要努力； 可以把未来学习任务更重当作对自己的考验； 调整自己的需要，不要给自己压力，只要努力了就不后悔，让自己放松心情
惊讶	妈妈变得严格了，但自己还不适应，达不到妈妈的要求	尝试着一点点达到妈妈的要求； 学会觉察妈妈的情绪，等妈妈情绪缓解后再和妈妈沟通； 学会由被动变为主动，妈妈开心的时候，还是可以像小时候那样跟妈妈撒撒娇，缓和一下紧张的亲子关系
担忧	不知道怎么争取周末和小曼出去玩，不能出去的话怎么向小曼解释	和小曼说明原因； 周末之前认真完成作业； 和妈妈沟通，告诉妈妈小曼是自己的好朋友，对自己很重要，自己不想对好朋友食言

表格中"怎么面对"一列建议让学生自己填写，然后小组讨论，最后全班分享。教师可以进行引导性提问：在学习和生活中，你们遇到过相同的麻烦吗？你们是怎么解决的？解决后有什么感受？为什么会有这种感受？通过挖掘学生的成功经历，引导学生找到解决问题的方法。（表格里的答案仅供参考，只要学生说得有道理就可以）学生回答

后，教师可以引导学生总结："怎么面对"其实就是调整自己的需要密码和反应密码。

（3）如果小美的这些烦心事都解决了，她的心情会怎样？

【说明】学生的回答多半可能是"开心、快乐"。教师要告诉学生：小美的这种快乐是在解决成长的烦恼的过程中，通过自己的努力和智慧获得的，这种快乐就是我们以前学过的"不一般的快乐"。

3 活动小结

（1）长大的烦恼来自玩的时间更少了、父母的关爱方式变了、要更加严格要求自己、更加自律、承担更重的学习任务。

（2）我们要先明确让自己烦恼的是什么，然后从需要密码和反应密码两个方面想办法解决，这样就能得到长大的不一般的快乐。

活动三 来到我的生活里（8分钟）

你有过在长大的烦恼中获得不一般的快乐的经历吗？

【说明】教师主要引导学生感受烦恼和不一般的快乐的鲜明的情绪变化，从而体会成长。

我学到了（1分钟）

（1）长大的快乐是可以做一些原来不能做的事，是能自己做决定，是能给予他人幸福。长大的快乐有很多，等着我们去发现和体验。

（2）长大的烦恼和不一般的快乐都来自从无忧无虑到承担责任、从被照顾到能关心和照顾他人、从依恋到独立、从获取到给予、从被动到主动的转变过程。

我在长大

（3）面对长大过程中的烦恼，可以从需要密码和反应密码两个方面想办法解决。

【说明】第（2）点是通过前两课时总结出的。

我的练功房（1分钟）

七级功夫第二招：长大的快乐。

1　练功目的

充分感受并分享自己在长大过程中获得的快乐。

2　练功要领

（1）快乐的事越具体越好。

（2）快乐可以是在一切顺利中得到的快乐，也可以是遇到挫折并解决后获得的不一般的快乐。

长大的快乐

用彩笔画出你长大的快乐吧。

第二单元
我会温暖自己

我在长大

单元目标

1. 学会在遇到挫折时拥抱自己，在平淡中发现"热爱"，让自己更幸福。
2. 体会每个人都不是全能的，要以自己拥有的各种才能为能量，自信地面对自己的不足，并学会放弃。
3. 学会在遇到困难时坚持自己的梦想，将克服困难作为目标，并将其划分为多个小目标，一步步去实现梦想。

单元内容结构

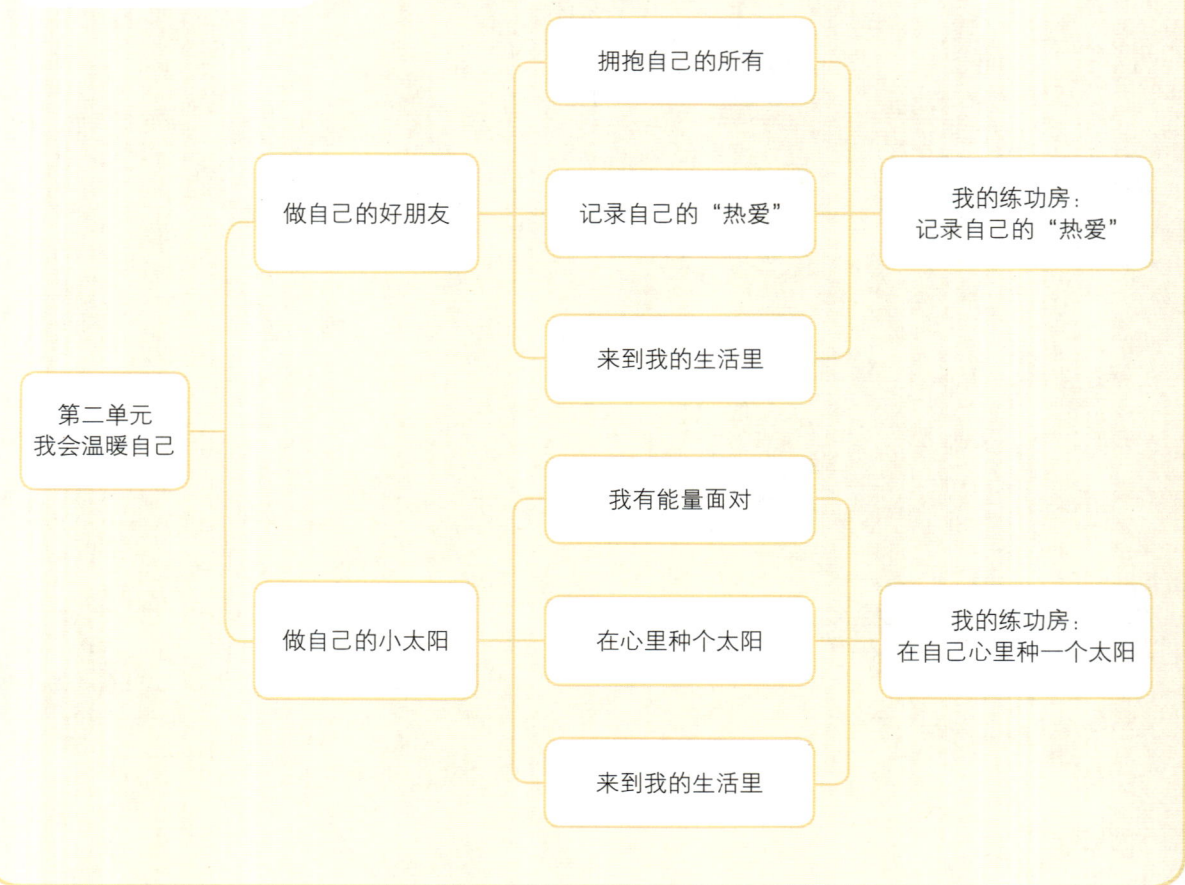

第三课时 做自己的好朋友

课时目标

1. 学会在面对挫折、觉得自己一无是处时改变对自己的偏见，拥抱自己的所有，爱自己，做自己的好朋友。
2. 学会在平淡的生活中觉察和发现自己的"热爱"，让生活更充实。

活动安排

名称	目标	准备	难点
活动一 拥抱自己的所有	目标1	无	在被挫折感包围的时候，能够突破这种感觉，做自己的好朋友，拥抱自己
活动二 记录自己的"热爱"	目标2	无	能在平淡的生活中发现自己的"热爱"，感受生活的美好
活动三 来到我的生活里	目标2	无	无

日常修炼

七级功夫第三招：记录自己的"热爱"。

 我在长大

理论依据

和小时候的无忧无虑相比，随着长大，学生遇到的挫折会增多，生活也会显得更加平淡。长大似乎总是和挫折、平淡相联系。挫折带来的负面情绪如果不能及时消除，慢慢积累下来，就容易让人否定自我；不善于在平淡中感受美好，也会让人麻木，这都不利于自我的健康发展。要想健康地长大或者在长大中获得幸福，我们就要能够在挫折中爱自己，在平淡中爱自己，形成爱自己的能力。在挫折中爱自己就是在面对挫折和失利时不要因为一时的消极情绪而否定自我，产生自己一无是处的"无"的感受，而是要回到事实，找找自己的优点，收集自己的"有"，认可自己的存在和价值，这是发现自己的一个过程。在平淡中爱自己就是要善于觉察和发现自己的"热爱"、发展自己的"热爱"，让自己的生活丰富多彩，让生命更加充盈。当对某一事物的喜欢和开心不是偶尔出现，而是反复出现时，说明就是"热爱"。挫折和平淡往往会凸显长大的孤独感，我们要在孤独中做自己的朋友。爱自己是幸福的一个重要来源。

另外，"长大"总是和"理性"联系在一起，实际上，长大也意味着情感逐渐丰富与成熟，自我认同逐渐成熟。希望学生能体会长大过程中情感的发展。

开课了（5分钟）

我还记得

同学们，你们还记得上节课的主题是什么吗？我们

学到了什么？

【说明】教师尽量让学生自己回忆，最后出示上节课"我学到了"中的内容即可。

> **主题：长大的快乐**
>
> （1）长大的快乐是可以做一些原来不能做的事，是能自己做决定，是能给予他人幸福。长大的快乐有很多，等着我们去发现和体验。
>
> （2）长大的烦恼和不一般的快乐都来自从无忧无虑到承担责任、从被照顾到能关心和照顾他人、从依恋到独立、从获取到给予、从被动到主动的转变过程。
>
> （3）面对长大过程中的烦恼，可以从需要密码和反应密码两个方面想办法解决。

练功分享

七级功夫第二招"长大的快乐"你练得怎么样？谁愿意跟我们分享一下？

【说明】引导学生学会根据练功目的和练功要领评价自己的练功情况。

我在长大

导入新话题

同学们，随着长大，我们会面对更多的困难和挫折。在经历挫折的时候，你会不会一时间觉得自己一无是处呢？这种感觉很多人都会有，可我们知道，"天生我材必有用"，每个人都不会是一无是处的。那是什么让人产生这种感觉？我们又该怎么走出这种感觉呢？让我们进入活动一，一起来探讨吧。

活动一　拥抱自己的所有（15分钟）

1　情景故事

我真的一无是处吗？

运动会上，珊珊本来想好好表现，结果脚崴了，一瘸一拐的，加上这次考试没考好，她觉得自己一无是处。

回到家里，虽然爸爸妈妈眼神里流露出一些失望，但他们也没多说什么，珊珊觉得可能是爸爸妈妈不忍心说她吧。在学校里，同学们也照样找珊珊玩，但她就是提不起精神，也不愿意多说话。

又是一天放学了，珊珊走在回家的路上，一点精神都没有。好朋友小雨跑过来问："珊珊，你的脚好点了吗？"珊珊低着头没搭话。小雨陪着珊珊走了一会儿，要分开了，就对珊珊说："珊珊，我知道你没考好，不高兴，但你不能总这样呀！"看到好朋友这么关心自己，珊珊终于开口说："小雨，谢谢你的关心！但我觉得自己真没用，干什么都不行，真的不想说话……"小雨看着珊珊难过的样子，又帮不上忙，心里很着急。她对珊珊说："珊珊，我们是好朋友，但我一时也不知道该怎么帮你。你能不能对自己好一点，想想自己的优点，你不可能一无是处的！你最了解自己，要学会爱自己！"说完，小雨张开双臂抱了抱珊珊，然后离开了。小雨的举动让珊珊感觉很温暖，她不由得用双臂抱住了自己。小雨回头正好看见这一幕，她高兴地说："对！要多拥抱自己！"

珊珊问自己："我真的一无是处吗？不是的。我有小雨这样的好朋友，除了小雨，班里还有好几个同学是我的好朋友，这说明我人缘好。虽然我这次考得不好，但爸爸妈妈没有责怪我，我有温暖的家。虽然这次脚崴了，但我各个体育项目成绩都非常好的事实不会改变。我喜欢运动！在学习上，我数学进步很大，可能是因为我把太多时间用在了数学上，才导致其他学科成绩有些退步。这些情况，别人不知道，我自己是清楚的，我应该多鼓励自己呀！再说，成绩偶尔有些退步也是正常的，我不能为此一直责备自己，那对自己也太苛刻了！我要对自己多一些包容，更要相信自己！"

这样想着，珊珊心里温暖极了。她蹲下身去，心疼地揉了揉自己的脚踝，在路边长椅上坐下来，又使劲儿抱了抱自己，心中涌过一阵暖流。就这样，珊珊不再埋怨和嫌弃自己，成了自己的好朋友。她在心里又拥抱了一下自己，轻松地回家了。

2 讨论

（1）在故事的开头，珊珊有哪些负向情绪？后来，她的情绪是怎样变化的？

【说明】珊珊最初的情绪是沮丧、不开心。运动会上崴了脚，考试又没考好，这让珊珊特别沮丧，觉得自己什么都不行，嫌弃自己。这时教师可以追问："后来珊珊的情绪是怎样变化的？这种变化对珊珊产生了什么影响？"引导学生总结：从刚开始因参加运动会时受伤和考试成绩不理想而沮丧，到得到小雨关心时的温暖，再到反思"对自己太苛刻"

时的心疼和后悔，最后到找出没考好的原因之后的包容和轻松，以及想到自己很多优点之后的自信和幸福，珊珊觉得越来越温暖。教师可以把这些情绪词语按顺序板书出来。

（2）是谁让珊珊的情绪发生了改变？

【说明】可能会有学生认为是小雨让珊珊的情绪发生了改变。确实，小雨的关心给了珊珊温暖。但是，珊珊拥抱自己并追问自己"我真的一无是处吗"起了关键作用，这句话让珊珊从自我否定的情绪中走了出来，是珊珊对自己认识的转变和拥抱自己的行为让她的情绪发生了改变。

（3）在故事的最后，珊珊在心里拥抱了自己什么？

【说明】让学生充分体会和表达。在故事中"拥抱"既表示接纳自己的不足，也表示发现并充分肯定自己的优点。珊珊拥抱了自己的家人和朋友，拥抱了自己的体育特长，拥抱了自己在数学学习上的努力，也拥抱了自己的失败，拥抱了自己崴了的脚……。可以说，珊珊拥抱了自己的所有。这时，教师可让学生表演"深深地拥抱自己"这一场景，帮助学生充分感受。

（4）拥抱自己之后，珊珊会有什么感受？

【说明】珊珊感受到了温暖和自信。教师可以进一步追问：获得温暖和自信有什么意义？引导学生体会：温暖和自信会让珊珊心里充满阳光，也会给珊珊带来前行的力量。

（5）珊珊有很多优点，为什么当时她会觉得自己一无是处呢？

【说明】几种不好的情绪叠加在一起，让珊珊感觉自己一无是处。可以让学生结合自己的体会觉察原因。如果学生回答不上来，可以问问他们是否有过同样的体验，并让他们结合体验进行反思总结。"一无是处"这种绝对性的表达可以让人联想到之前在《我是密码高手》中学过的"爆炸性词语"（非理性词语）和在《我的幸福法宝》中学过的"有色眼镜"——情绪和偏见。珊珊各种负面情绪的叠加，导致她对自己产生了偏见。教师要帮助学生体会两种"有色眼镜"有时会相互影响。找到了原因，就知道怎么解决问题了：当自己陷入某一种消极情绪时，要觉察自己的情绪和偏见，并通过搜集事实，尤其是体现自己好的方面的事实（因为有消极情绪时看到的主要是不好的方面），以及客观分析，摘掉"有色眼镜"，接纳和拥抱自己的所有。

（6）为什么说珊珊成了自己的好朋友？

【说明】珊珊面对自己的挫折和失败，先是觉得自己"一无是处"，埋怨和嫌弃自己，后来，她回到事实，消除了对自己的偏见，成了自己的好朋友，这是爱自己的表现。

3 活动小结

（1）面对挫折，觉得自己"一无是处"，既是情绪，也是偏见。

（2）爱自己，做自己的好朋友，就是在遇到挫折时拥抱自己，接纳自己的不足，发现并肯定自己的优点，改变对自己的偏见。

活动二 记录自己的"热爱"（13分钟）

在生活中，我们除了会遇到困难、挫折，也会面临其他一些问题。随着长大，你会发现生活好像没有小时候那么好玩了，大多数时候都显得很平淡。怎么让自己的生活变得有意思呢？让我们走进小亮的故事去看看。

1 情景故事

这一天真的没意思吗？

又是一天开始了，小亮被闹钟叫醒，懒洋洋地起了床。这时，他听到窗外叽叽喳喳的鸟叫声。又是那几只小鸟吗？它们在聊什么呢？小亮想着，走到窗边，看了看窗外的大树。天刚蒙蒙亮，正是睡觉的好时候，可他天天都得起这么早。唉！

妈妈已经准备好了早餐，喊道："小亮，今天吃烙饼，可以配芝麻酱和豆浆，还有切好的苹果。"小亮觉得没睡够，也没有胃口，不过，烙饼的香味飘来，好像又有点诱人。

吃完早饭，妈妈开车送小亮到学校。出发时路上人还不多，很安静，到了学校门口可就热闹了，汽车都是插空就停，还好，家长们都很礼让，没发生什么意外。同学们背着书包走进学校，门卫叔叔和值班老师照常微笑着向大家问好。

第一节是早读课，大家齐声背诵古诗，一首接一首，天天如此。第二节是让小亮有点头疼的数学课。为了帮助小亮，老师让珊珊做他的同桌。珊珊经常问："小亮，需要帮忙吗？"小亮对数学提不起兴趣，总是敷衍地说："不用，谢谢！"好不

我在长大

容易到了小亮喜欢的美术课,老师让同学们画自己最喜欢的东西,小亮想了想,决定还是画小松鼠。小亮画过各种各样的小松鼠,都特别可爱,这些神态各异的小松鼠在班里的板报上都成明星了。上体育课了,老师让大家跳绳,可以一个人跳,也可以两个人组队跳。阳阳跑过来找小亮,提出想和他组队一起跳,小亮答应了,但他们两人总也跳不到一块儿去,只好又分开了。

放学回家,妈妈问小亮:"儿子,今天过得开心吗?"小亮想了想,好像没什么有意思的事情,淡淡地说:"一般吧。"

2 讨论

(1)小亮这一天的主要情绪是什么?

【说明】可能有同学会说"小亮没什么情绪",教师可以追问:人可能处于一种没有情绪的状态吗?引导学生体会人随时都是有情绪的,只不过情绪强弱不同。小亮有情绪,只是情绪比较弱,这种比较弱的情绪更需要认真觉察。小亮的情绪总的来说是平静,有点平淡,觉得做什么都没多大意思。

(2)小亮的这种情绪状况如果持续下去,会给他带来什么样的影响?

【说明】如果小亮经常觉得干什么都没意思,感受不到生活中的快乐,对生活没有"热爱",渐渐地,他就会变得麻木起来,觉得生活没意思。

（3）在看似平淡无奇的一天中，有些时刻小亮似乎还是有点开心的，你发现是哪些时刻了吗？

【说明】让学生讨论，他们会发现在听到鸟叫声和画小松鼠时，小亮是比较开心的，这可能是因为小亮喜欢小动物，也喜欢画画。

（4）小亮的这种开心时刻是偶尔出现的吗？

【说明】让学生体会小亮的这种开心时刻不是偶尔出现，而是反复出现的。这时，教师要追问：这种开心不是偶尔出现的，这意味着什么？在学生讨论的时候，可以提示他们：这种反复出现的开心就说明了小亮的"热爱"，这种"热爱"不仅需要觉察，还需要总结、归纳，也就是发现。

（5）小亮觉察到自己的"热爱"了吗？如果小亮能够觉察、发现并发展这些"热爱"，会对他产生什么样的影响？

【说明】从小亮觉得这一天"好像没什么有意思的事情"，可以看出他没有觉察到自己的"热爱"，因而，他也不会主动发展自己的"热爱"。如果小亮觉察到了自己的"热爱"并主动发展它，他的生活会变得更有意思，情绪会更温暖，心里也会觉得更幸福。因此，觉察到自己的"热爱"是非常重要的。

教师可以请学生用下面的表格来记录小亮的"热爱"：把觉察到的小亮的'热爱'写在"觉察小亮的'热爱'"一列中，把可以怎样发展小亮的"热爱"写在"发展小亮的'热爱'"一列中。在引导学生填写"发展小亮的'热爱'"一列时，让学生思考具体要怎么做，需要什么支持。

记录小亮的"热爱"

觉察和发现小亮的"热爱"	发展小亮的"热爱"
喜欢听小鸟叫	搜集相关资料，研究小动物
喜欢画小松鼠	坚持练习画画，发展自己的绘画特长

我在长大

3 活动小结

（1）当对某一事物的喜欢和它带来的开心不是偶尔出现，而是反复出现时，说明就是"热爱"。

（2）要在平淡的生活中觉察和发现自己的"热爱"。

（3）珍惜并想办法发展自己的"热爱"，让生活更有意义、更幸福！

活动三　来到我的生活里（5分钟）

你在日常生活中觉察和发现自己的"热爱"并想办法发展自己的"热爱"了吗？请说一说你的经历。

【说明】让学生着重说一说他们是如何觉察和发现自己的"热爱"的，又是怎样发展自己的"热爱"的。

我学到了（1分钟）

（1）面对挫折，觉得自己"一无是处"，既是情绪，也是偏见。

（2）遇到挫折时要学会拥抱自己，接纳自己的不足，发现并肯定自己的优点，消除对自己的偏见。

（3）当对某一事物的喜欢和它带来的开心不是偶尔出现，而是反复出现时，说明就是"热爱"。

（4）要在平淡的生活中觉察、发现并发展自己的"热爱"，让生活更有意义、更幸福！

我会温暖自己

我的练功房（1分钟）

七级功夫第三招：记录自己的"热爱"。

1 练功目的

做自己的好朋友，记录自己的"热爱"，让生活更幸福。

2 练功要领

（1）在"觉察和发现自己的'热爱'"中填写你觉察和发现的自己的"热爱"，涂上你喜欢的颜色。

（2）在"发展自己的'热爱'"中填写你具体要怎么做以及需要什么支持，涂上你更喜欢的颜色。

记录自己的"热爱"

觉察和发现自己的"热爱"	发展自己的"热爱"	
	具体怎么做	需要什么支持

第四课时　做自己的小太阳

课时目标

1. 理解每个人都不是全能的，要以自己拥有的各种才能为能量，自信地面对自己的不足。
2. 理解有时候放弃并不意味着失败，放弃自己不擅长的能让自己有更多的时间和精力来发展自己的特长。
3. 体会将梦想作为大目标，然后将其分解为一个个小目标，有利于梦想的实现。
4. 体会在遇到困难时坚持自己的梦想就像在心里种下一个太阳。

活动安排

名称	目标	准备	难点
活动一　我有能量面对	目标1 目标2	无	理解放弃并不意味着失败
活动二　在心里种个太阳	目标3 目标4	无	知道如何进行目标分解以更好地实现梦想
活动三　来到我的生活里	目标3 目标4	彩笔，纸	无

日常修炼

七级功夫第四招：在自己心里种一个太阳。

我会温暖自己

理论依据

每个人的天赋不同，大家各有所长。每个人都要尽可能地发展自己，但这并不意味着要让自己发展成全能的人。将精力放在自己爱好和擅长的事情上，会让自己更加幸福。有时候，放弃并不意味着失败，放弃自己不擅长的是为了让自己有精力在擅长的方面得到更好的发展。

每个人都有梦想，在实现梦想的路上肯定会遇到困难。要坚持自己的梦想，用梦想的美好鼓励自己前行，同时，要将梦想这个大目标分解成一个个小目标，一步一步地前进，最终实现梦想。

开课了（5分钟）

我还记得

同学们，你们还记得上节课的主题是什么吗？我们学到了什么？

【说明】教师尽量让学生自己回忆，最后出示上节课"我学到了"中的内容即可。

我在长大

主题：做自己的好朋友

（1）面对挫折，觉得自己"一无是处"，既是情绪，也是偏见。

（2）遇到挫折时要学会拥抱自己，接纳自己的不足，发现并肯定自己的优点，消除对自己的偏见。

（3）当对某一事物的喜欢和它带来的开心不是偶尔出现，而是反复出现时，说明就是"热爱"。

（4）要在平淡的生活中觉察、发现并发展自己的"热爱"，让生活更有意义、更幸福！

练功分享

七级功夫第三招"记录自己的'热爱'"你练得怎么样？谁愿意跟我们分享一下你的练功故事？

【说明】引导学生学会根据练功目的和练功要领评价自己的练功情况。

导入新话题

在生活中我们经常会听到别人对我们的评价，有好的，也有不好的。面对别人不好的评价时，我们应该怎么做？

活动一　我有能量面对（12分钟）

1　情景故事

小天该怎么办?

小天是个多才多艺的男孩儿，字写得漂亮，画画得好，跳绳跳得可快了。班里组织的各种活动他都积极参加。他还特别热情，乐于助人，人缘很好。

最近，学校组织合唱比赛，小天积极响应，报名参加了班里的合唱队。但是，在排练时，小天不是跑调儿，就是跟不上节奏，他自己都觉得很别扭。每次参加合唱排练前，小天都会紧张。他心里想：都报名参加了，可不能轻易放弃！可是，越这么想他就越紧张，越紧张跑调儿就越厉害。同学们都开始嘲笑他五音不全了，就连他的好朋友也觉得他这样会影响合唱队的表演，劝他退出合唱队。面对同学们的嘲笑和劝退，小天……

2　讨论

（1）小天参加合唱队经历了哪些情绪变化?

【说明】让学生换位思考，体会小天的情绪变化：从积极报名参加合唱队时的满怀

我在长大

期待，到唱歌跑调儿时的尴尬和参加排练前的紧张，再到被同学们嘲笑时的生气、被好朋友劝退时的伤心、觉得自己很没面子时对自己的嫌弃等。

（2）面对在合唱队遇到的困难，小天该怎么办？为什么要这么做？

【说明】学生可能会有两种看法：一种是认为小天应该继续努力，一种是认为小天应该放弃并退出。值得注意的是，大多数学生面对失败时会选择第一种应对方式。教师可以追问：继续努力和放弃哪种决定更好？引导学生思考：小天五音不全，这是很难一下子改变的，继续努力对他自己来说，进步可能不明显，对团队来说，又会影响团队成绩。小天应该知道，自己的不足有时是难以改变的，面对这样的情况，是可以放弃的。

（3）遇到自己解决不了的困难，放弃就意味着失败吗？小天该怎么面对自己的不足？

【说明】对于第一个问题，学生可能会有不同观点。教师要引导学生明白：①这时放弃并不意味着失败，因为每个人都不是全能的；②退出合唱团的话，小天可以将时间和精力更多地放在自己擅长和热爱的事情上，让自己的特长发展得更好；③小天可以以自己的各种才能为能量，自信地面对自己的不足，温暖自己，做自己的小太阳。

3 活动小结

（1）遇到不能解决的问题时，放弃并不意味着失败，因为每个人都不是全能的。

（2）要以自己拥有的各种才能为能量，做自己的小太阳，自信地面对自己的不足，驱散心中的乌云。

（3）放弃自己不擅长的能让自己有更多的时间和精力来发展自己的特长。

活动二　在心里种个太阳（11分钟）

1 情景故事

小早的梦想

小早一直有个梦想，那就是长大后当一名服装设计师。为了实现这个梦想，她给自己画了一幅画：一个中心写着"服装设计师"的太阳下面，画着三朵小花，上面分别写着"学习""绘画""动手"。小早用这幅画提醒自己：不仅要在学习上严格要求自己，提高自己的绘画能力，也要在生活中积极尝试旧衣服改造，锻炼自己的设计能力和动手能力。

有一天，妈妈想把一件褪色的旧卫衣扔掉，被小早拦下了。她想：既然我想成为一名服装设计师，就先拿这个练练手吧。于是，小早决定用这件旧卫衣做一个漂亮的手提包。说干就干，小早很快就完成了设计图，还拟订了制作规划表。

第一步，把卫衣的下半部分剪下来。完成第一步后，小早在制作规划表上画了一颗爱心，用以激励自己。第二步，给包底封口。小早先把针线穿好，然后开始缝包底。她把线缝在里面，这样线头不会露出来，显得整齐又漂亮。又完成了一步，小早在制作规划表上给自己画上了第二颗爱心。

到了第三步"缝拉链"时，小早遇到了困难。她缝了一晚上，怎么也缝不好。妈妈看见了，觉得小早不务正业——都六年级了，有这个时间还不如多看看书。妈妈的责备加上手提包的制作并不顺利，让小早很伤心。沮丧的小早在制作规划表上给自己画了一个问号。"手提包还能完成吗？我有成为一名服装设计师的天赋和能力吗？"小早开始怀疑自己。

第二天,看到只完成一半就被丢下的手提包,小早有点不甘心,更不舍得放弃自己的梦想。小早想起姥姥家有一台缝纫机,赶紧拿起做了一半的手提包奔向姥姥家,向姥姥求助。姥姥说:"我来帮你缝拉链吧,你还小,用不好这个缝纫机。"于是,小早选了一条拉链让姥姥来缝。姥姥踩着缝纫机底下的踏板,嗒嗒嗒嗒……,不一会儿,拉链就缝好了。小早开心地拿回缝好拉链的手提包,把制作规划表上的问号改成了爱心。

接下来是第四步——加提手。小早把卫衣帽子里的抽绳抽出来,又在包的两侧剪了两个洞,把绳子打结固定在洞里,这样,手提包的提手就做好了。最后一步,小早把卫衣上半部分的标识图案剪下来缝在手提包上,又找来几个好看的小徽章别上,终于大功告成!

小早兴奋极了,在制作规划表的最后给自己画了一颗巨大的爱心。看着自己设计、制作的手提包,小早感觉自己离梦想又近了一步。

2 讨论

（1）小早为实现梦想都做了什么？

【说明】①把"长大后当一名服装设计师"这个大目标分解为多个小目标——努力学习，提高绘画能力和动手能力，并通过画画的方式激励自己；②在学习上严格要求自己；③提高自己的绘画能力；④在生活中积极尝试旧衣服改造，锻炼自己的设计能力和动手能力。教师要引导学生学着把梦想这个大目标分解为多个小目标，让实现梦想变得更容易。

（2）做一个手提包这么复杂，还遇到了困难，你觉得是什么让小早坚持下来的？

【说明】学生可能会提到两点：①面对完成了一半的手提包，小早不甘心放弃；②当一名服装设计师的梦想一直激励着小早，就像在她心里种了个太阳。教师要引导学生理解梦想的激励是最重要的。

3 活动小结

（1）将梦想作为大目标，并将其分解为多个小目标，不断鼓励自己，梦想终会实现。

（2）遇到困难时要坚持自己的梦想，就像在心里种一个太阳。

活动三　来到我的生活里（10分钟）

你有什么梦想？在实现梦想的过程中你遇到了什么困难，又是怎么解决的呢？如果请你像小早一样为实现梦想给自己画一幅画，你会怎么画？

【说明】让学生通过画画的方式把梦想这个大目标分解成小目标，让梦想更容易实现。可以提示学生把实现梦想过程中可能遇到的困难和解决办法一起画到画里。如果有学生不喜欢画画，也可以通过别的方式来呈现。鼓励学生分享自己的真实经历和生活感悟，在相互分享与学习中深化理解，提高自己解决实际问题的能力。

我在长大

我学到了（1分钟）

（1）有时候放弃并不意味着失败，每个人都不是全能的。

（2）要以自己拥有的各种才能为能量，做自己的小太阳，自信地面对自己的不足，驱散心中的乌云。

（3）放弃自己不擅长的可以让自己有更多的时间和精力来发展自己的特长。

（4）将梦想作为大目标，并将其分解为小目标，不断鼓励自己，梦想终会实现。

（5）遇到困难时要坚持自己的梦想，就像在心里种下一个太阳。

我的练功房（1分钟）

七级功夫第四招：在自己心里种一个太阳。

1 练功目的

通过目标分解和自我鼓励，坚定不移地朝梦想进发。

2 练功要领

（1）将梦想作为大目标，并将其分解为多个小目标。

（2）遇到困难时，不断鼓励自己，坚持梦想。

在自己心里种一个太阳

我的梦想	若干个小目标及行动规划	遇到的困难与自我鼓励

第三单元
我要做决定

我在长大

单元目标

1. 理解只有根据自己真实的感受和需要做出的决定才是适合自己的。
2. 学会尊重大人，用事实和大人沟通，得到信任，争取自己的决定权。
3. 理解做决定有两种情况：一种是目标的确定，一种是方法的选择。
4. 理解确定目标主要以自己内心的愿望、自身的优势劣势和外在条件为依据。
5. 理解选择方法主要看方法能否实现目标。
6. 体会当做出符合自己愿望的决定时，内心既是理性的，也是幸福的。

单元内容结构

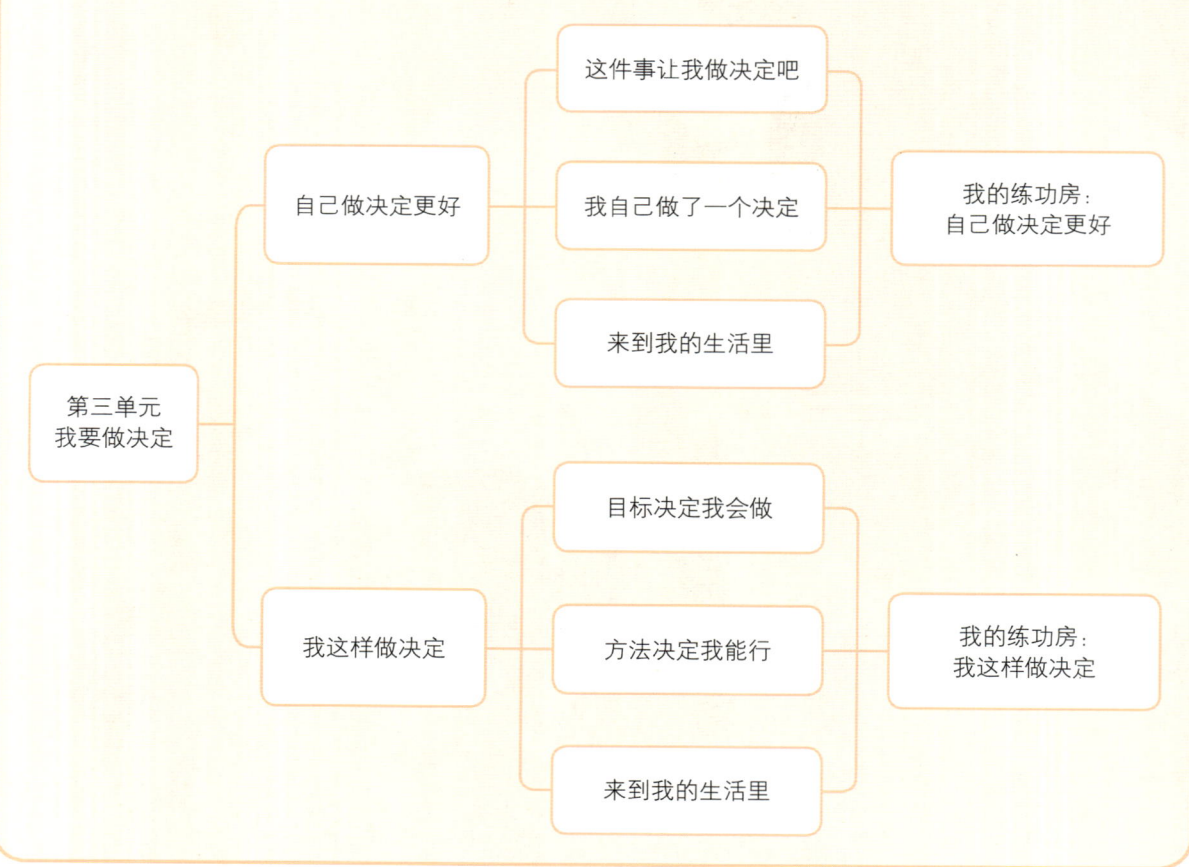

第五课时　自己做决定更好

课时目标

1. 理解只有根据自己真实的感受和需要做出的决定才是适合自己的。
2. 学会尊重大人，用事实和大人沟通，得到信任，争取自己的决定权。

活动安排

名称		目标	准备	难点
活动一	这件事让我做决定吧	目标1 目标2	无	学会通过"你需要＋我需要"进行沟通，争取决定权
活动二	我自己做了一个决定	目标1 目标2	无	无
活动三	来到我的生活里	目标1 目标2	无	无

日常修炼

七级功夫第五招：自己做决定更好。

理论依据

到小学高年级，学生开始进入青春期。青春期是指从儿童生长发育到成年的过渡时期，一般为10—20岁。进入青春期的孩子身体快速发育，使他们产生了许多特殊的心理需要，而这方面的需要最初会让他们觉得"不好意思"，因此他们开始尝试独立思考、自己做决定。同时，这个时期的孩子思维水平也在提高，他们通过自己对生活的理解，能够察觉到父母、教师等大人的想法是有局限性的，不一定符合自己的实际情况。这两方面的原因使得青春期的孩子"自己做决定"的愿望变得突出。

青春期的孩子通常会表现出逆反，原因主要有两方面：一方面是大人还是以对待儿童的方式对待他们，对他们表现出或者提出的各种问题缺乏耐心和理解；另一方面是他们有独立的需要，但其独立能力包括思考和沟通的能力都不够。理解"逐渐独立"的过程和"自己做决定"的前提条件和方法，能够促进青春期孩子的健康成长，帮助他们更好地度过青春期。

能做决定是自我独立的一个重要标志。要让学生理解，决定权的获得需要一个过程，这个过程就是用尊重的态度、以事实为依据和大人进行沟通，从而获得信任的过程。

我要做决定

开课了（5分钟）

我还记得

你们还记得上节课的主题是什么吗？我们学到了什么？

【说明】教师尽量让学生自己回忆，最后出示上节课"我学到了"中的内容即可。

主题：做自己的小太阳

（1）有时候放弃并不意味着失败，每个人都不是全能的。

（2）要以自己拥有的各种才能为能量，做自己的小太阳，自信地面对自己的不足，驱散心中的乌云。

（3）放弃自己不擅长的可以让自己有更多的时间和精力来发展自己的特长。

（4）将梦想作为大目标，并将其分解为小目标，不断鼓励自己，梦想终会实现。

（5）遇到困难时要坚持自己的梦想，就像在心里种下一个太阳。

我在长大

七级功夫第四招"在自己心里种一个太阳"你练得怎么样了？谁愿意和我们分享一下你的练功故事？

【说明】引导学生学会根据练功目的和练功要领评价自己的练功情况。

同学们，在"长大的快乐"一课中，我们知道了能自己做决定是长大的快乐之一。随着长大，你常常自己做决定吗？在做决定时，你遇到过什么困难？接下来，让我们先去看看小美的故事。

活动一　这件事让我做决定吧（18分钟）

1　情景故事

公主裙风波

周末，小美和朋友们约好了一起聚餐。她开心地打开衣柜，拿出自己喜欢的一套运动服，正准备换上，妈妈走过来说："小美，你今天和同学聚餐，不穿公主裙吗？"小美还没反应过来，妈妈就拎出一条公主裙递给她："穿这件吧，你会是今天最漂亮的女孩儿。"

"妈妈，今天聚餐前我们还要一起玩儿，穿裙子活动很不方便，我想穿运动服……"小美还没说完，妈妈就打断了她："女孩儿穿裙子会更漂亮，相信妈妈的审美，我比你有经验。"小美嘟囔着说："女孩儿就要穿裙子吗？那我不想做女孩儿了。"妈妈吃惊地说："做女孩儿多好，可以穿很多好看的衣服！你看看我的衣柜和你爸爸的衣柜，差别多大呀！"小美拗不过妈妈，无奈地穿上裙子和妈妈出门了。

到了公园，大家看到穿着公主裙的小美，都投来羡慕的目光，纷纷称赞她："小美，你穿这条裙子真漂亮！""好美的小公主啊！"小美挺起胸来，骄傲地看着大家，心想：妈妈还真是英明！

过了一会儿，大家一起玩起来。小美穿着公主裙跑也跑不快，跳也跳不高，稍微一动弹就憋得难受。于是，小美在心里吐槽："我宁愿穿运动服……好看有什么用！"

聚餐了，小美张罗着和伙伴们一起铺餐布、分食物，但穿着裙子干活真是不方便，忙了没两下，她就被小伙伴踩了裙子。小美只好退到边上看着伙伴们干活，心里又埋怨起来："这下倒是像公主了，什么忙也帮不上，像个木头公主！"

我在长大

因为没玩痛快，回家路上，小美一直苦着脸不说话。妈妈问："怎么了？你今天不是挺美的吗？"小美憋了一天，终于忍不住冲着妈妈嚷起来："您就知道美！好不容易出来玩一次，就因为穿了这条裙子，我玩得一点儿也不开心！"妈妈也生气了："你嚷嚷什么呀！我不都是为你好？刚到那儿的时候，大家不都夸你吗？"小美反驳道："那后来呢？我玩什么都不方便，都不痛快！"妈妈有点吃惊地看着小美，没说话。小美又嘟囔着说："反正以后穿什么衣服我自己定！"妈妈还是没吭声。面对这样的妈妈，小美觉得很无奈……

2 讨论

（1）妈妈认为小美穿公主裙会更漂亮，你怎么看？

【说明】结合故事引导学生讨论女孩的美。在学习《世界因我更美丽》一书时我们讲过，美有外在美，也有内在性格的美，可以请学生结合之前学过的内容发表意见，男生女生都要说说，然后教师再引导学生回到故事，体会小美对舒服自在的美和合群的美的追求，并进一步体会小美穿上自己选择的衣服会更自信。

（2）你觉得小美应该争取自己做决定吗？为什么？

【说明】通过故事，学生会觉得小美应该争取自己做决定，因为只有她自己最清楚在聚会时穿公主裙会是什么状态，大人和孩子的活动状态是不一样的。

（3）小美和妈妈的沟通成功吗？为什么？

【说明】小美和妈妈的沟通是不成功的。在故事开头的第一次沟通中，小美和妈妈各说各的需要，小美对妈妈的需要做了情绪化的处理，应该回到聚餐活动穿裙子不方便的事实上。在故事结尾的第二次沟通中，两人都在嚷嚷，只顾宣泄自己的情绪，妈妈说出的事实都是有利于证明自己正确的事实，没有克服自己的偏见，而小美陷在抱怨的情绪中，一直在指责妈妈，感受不到妈妈对自己的用心。两次沟通都没有做到"你需要＋我需要"，所以都不成功。

（4）小美应该怎样和妈妈沟通？

【说明】①小美应该这样做：先接纳和控制自己的情绪；②理解妈妈的好意：描述穿上公主裙确实很美的事实，表达可能会受到大家的瞩目自己也感到很美的开心情绪；③尊重自己的内心需要：描述自己穿上公主裙活动不方便，不能和朋友好好玩也不能照顾大家的事实，表达享受不到合群的美和舒服自在的美的尴尬和难受的情绪；④协调妈妈和自己的需要，争取自己的决定权——会考虑妈妈的需要，但是希望自己可以拥有根据具体场合决定怎么穿衣服的决定权。

3 活动小结

（1）自己最了解自己的需要，因此，自己的事自己做决定更好。

（2）注意接纳和控制情绪，根据"你需要＋我需要"进行沟通，争取决定权。

活动二　我自己做了一个决定（10分钟）

1 情景故事

一本特殊的书

小亮喜欢读书，历史、文学、艺术……，各种书都读。小亮想读什么书，只要说一声，爸爸妈妈就会给他买。最近，小亮开始崇拜体育明星，觉得他们太帅了，因而也开始读拳击、篮球等运动类的书。买这些书，爸爸妈妈也很支持。有一次，小亮用自己的零花钱买了一本《爸爸说给青春期儿子的秘密话》，没和爸爸妈妈说。

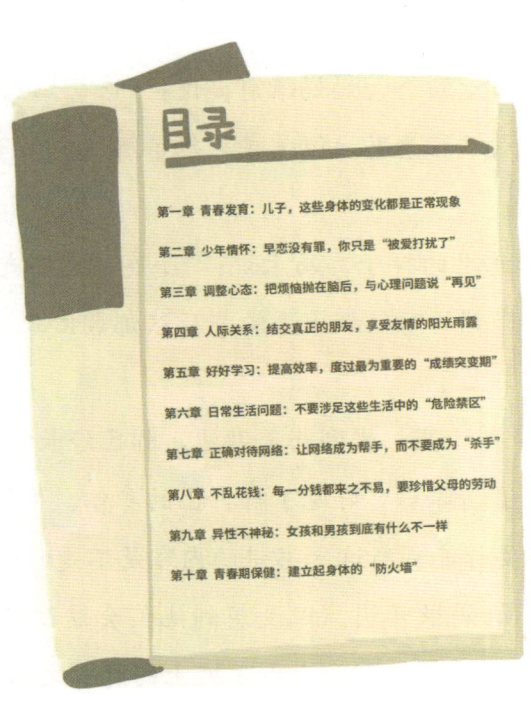

我在长大

一天,小亮放学回家,发现这本书在书桌上放着。"糟了!原来是放在被子下面的,怎么跑到书桌上了?"小亮回头看了看干净平整的床铺,立刻就明白了:肯定是妈妈整理的时候把书放到书桌上的。"这书……妈妈看到了会说我吗?"小亮心想:"还是和爸爸妈妈说一下自己的想法吧。"

还是和爸爸妈妈说一下自己的想法吧。

晚饭后,小亮拿着书走到爸爸妈妈跟前,说:"爸爸妈妈,我自己买了这本书,没跟你们说,是觉得有点不好意思。但是我又想了解这本书里的内容,就用零花钱买了。"

妈妈看到小亮不好意思的样子,马上说:"小亮,对不起,妈妈不是故意拿你的书。这书是我整理你床铺的时候翻出来的。既然都翻出来了,我也不想假装放回去,就直接放在你的书桌上了。"

爸爸招呼他说:"来,小亮,坐到爸爸身边。你已经长大了,身体有一些变化,爸爸早就应该和你聊聊了。你想更好地了解自己的身体,根据自己的需要买了这本书,这么做是对的。只要你能判断这本书讲的内容是不是科学的就行。"

小亮虽然知道爸爸妈妈很开明,但没想到他们会这么理解自己。小亮感激地对爸爸妈妈说:"我是听了同学介绍,也看了网上的评价之后才买的,拿到书之后,看着也觉得挺好的。我想过，如果书的内容不健康，我就会立即扔掉它。你们放心，我会把握好的。"听了小亮的话，爸爸妈妈非常欣慰，对小亮的这个决定也都很认可。

2 讨论

（1）你认为这本书特殊吗？

【说明】有的学生会觉得这本书有点特殊，因为它不是常见的学习方面的书，而是关于身心成长的书，或者因为这本书小亮是用自己的零花钱买的而且没有告诉爸爸妈妈，显得有点特殊。也有的学生会觉得这本书不特殊，因为课外书不应该只是学习方面的，也可以是生活方面的。

（2）买这样的书，小亮可以自己做决定吗？

【说明】对这个问题，学生可能会有争议。教师要引导学生理解：小亮自己做决定的前提条件是他能判断书是不是健康的，是不是适合自己看的，而要做出正确的判断，就需要先进行调研。

（3）如果这本书没有被爸爸妈妈发现，小亮还要不要就自己买书这件事跟爸爸妈妈沟通？

【说明】有的学生会认为小亮可以不跟爸爸妈妈沟通，只要他觉得这本书是健康的就可以。也有的学生会认为，瞒着父母不太好，这样小亮心里可能会有些别扭。教师可以引导学生：要相信爸爸妈妈，和爸爸妈妈沟通会增进一家人之间的信任和理解，让家庭氛围更加融洽，而且沟通会让自己的决定得到理解和支持，自己也会因此感受到幸福。如果和爸爸妈妈沟通后没有达成一致意见，也可以和老师等其他成年人沟通探讨，帮助自己做出理智的决定。

（4）为什么爸爸妈妈对小亮自己买书的这个决定这么认可？

【说明】主要是因为小亮做决定时既考虑了自己的需要，又进行了调研，还能判断图书内容是否健康、是否科学。

3 活动小结

（1）随着长大，有很多事情需要我们自己去了解、自己做决定。

（2）决定权是我们在成长的过程中通过慢慢得到大人的信任而获得的。

（3）自己做决定时若能得到他人的理解和支持，会让我们更幸福。

 我在长大

活动三　来到我的生活里（5分钟）

关于自己做决定，请分享一件你印象深刻的事。

【说明】在学生分享的过程中，教师要追问学生是如何和相关人员进行沟通的。

我学到了（1分钟）

（1）自己最了解自己的需要，因此，自己的事由自己做决定更好。

（2）注意接纳和控制情绪，根据"你需要＋我需要"进行沟通，争取决定权。

（3）决定权是我们在成长的过程中通过慢慢得到大人的信任而获得的。

（4）自己做决定时若能得到他人的理解和支持，会让我们更幸福。

我的练功房（1分钟）

七级功夫第五招：自己做决定更好。

 练功目的

理解有些事情只有自己最了解情况，所以需要自己做决定；学会沟通，争取决定权。

2 练功要领

（1）选择一件自己想做的事。

（2）想象一下如果把自己想做的事告诉父母，父母会做什么决定以及依据是什么。

（3）明确自己的真实需要和做决定的依据。

（4）和父母协商，争取自己的决定权。

【说明】教师可以提示：你想做的事未必总是和父母的期待一致，不一致的时候才需要争取决定权。

自己做决定更好

我想做的事	父母可能做的决定及其依据	我的需要和做决定的依据	和父母协商，争取决定权

第六课时　我这样做决定

课时目标

1. 理解做决定有两种情况：一种是目标的确定，一种是方法的选择。
2. 理解确定目标主要以自己内心的愿望、自身的优势劣势和外在条件为依据。
3. 理解选择方法主要看方法能否实现目标。
4. 体会当做出符合自己愿望的决定时，内心既是理性的，也是幸福的。

活动安排

名称		目标	准备	难点
活动一	目标决定我会做	目标 1 目标 2 目标 4	无	确定选择目标的主要依据
活动二	方法决定我能行	目标 1 目标 3 目标 4	无	确定选择方法的主要依据
活动三	来到我的生活里	目标 1 目标 2 目标 3 目标 4	无	无

日常修炼

七级功夫第六招：我这样做决定。

我要做决定

理论依据

做决定大致分为两类：一类是要决定未来发展目标，做这类决定的主要依据是自己内心的愿望、自身的优势劣势和外在条件；另一类是有了明确的目标，要决定选择什么方法来实现目标，做这类决定的主要依据是方法的效果（能否实现目标）。

做决定需要客观地搜集信息，例如不同方法的效果、自己的优势劣势、外在条件等，这是做决定的理性的一面。做决定是让自己从无效劳动中解放出来，进而满足自己所觉察到的内心的愿望，这是做决定的幸福的一面。

开课了（5分钟）

我还记得

你们还记得上节课的主题是什么吗？我们学到了什么？

【说明】教师尽量让学生自己回忆，最后出示上节课"我学到了"中的内容即可。

主题：自己做决定更好

（1）自己最了解自己的需要，因此，自己的事由自己做决定更好。

（2）争取决定权，要学会沟通：尊重家长的好意，描述事实，说出自己的情绪和感受，进而表达内心的需要。

（3）决定权是我们在成长的过程中通过慢慢得到大人的信任而获得的。

（4）自己做决定时若能得到他人的理解和支持，会让我们更幸福。

练功分享

七级功夫第五招"自己做决定更好"你练得怎么样？谁愿意跟我们分享一下你的练功故事？

【说明】引导学生学会根据练功目的和练功要领评价自己的练功情况。

导入新话题

上节课我们知道了自己的事由自己做决定更好。可是，怎么做出好的决定呢？这节课我们就来讨论这个问题。

活动一　目标决定我会做（13分钟）

1 情景故事

到底该报什么班？

放学回家的路上，阳阳发现好朋友小亮皱着眉头，好像有心事。

"小亮，你怎么愁眉苦脸的？"阳阳关心地问。

小亮叹了口气，说："昨天晚上妈妈问我要报什么兴趣班，我喜欢画画，也喜欢弹钢琴，到底该报哪个班，我拿不定主意。"

阳阳笑着说："就这点事儿啊，两个班都报不就行了！"

"说得轻松，咱们都六年级了，平时学习任务重，同时上两个兴趣班，时间、精力都不够啊。就这一个兴趣班，还是我拼命争取来的呢！"

"那就选美术班。你画画那么好，美术老师也总夸你有天分。再说，你对画画多痴迷呀！课间经常看到你在教室里专心画画，我都不好意思打扰你。"

小亮低下头，叹了口气："可是弹钢琴我也不想放弃啊！弹起优美的曲子，我心情特别舒畅，什么烦心事都忘了。妈妈也说学弹琴好，能提升个人气质。"

我在长大

听小亮这么说,阳阳也不知道该怎么办了。

"这样犹豫可不行,我得仔细分析一下,各方面因素都要考虑到,最后再做决定!"小亮说。

"还是你有办法!"阳阳佩服地说。

"得看看我在弹钢琴、画画这两件事上的优势和劣势。"小亮一边念叨,一边认真思考起来。

平时,小亮经常会想象自己弹钢琴时的美好画面,可实际情况却是:他手指不怎么灵活,节奏也老是把握不好,有时即使花了很长时间练习,也没有明显的提升;现在的钢琴老师也不是钢琴专业的,水平一般……,这些是学弹琴的劣势和不利条件。

那画画呢?小亮想:自己画画的劣势首先是想象力不那么丰富;另外,画水粉画调颜料时,常常手忙脚乱地折腾半天,也调不出自己想要的颜色。不过,美术老师说,这些都是可以通过练习改善的,而且相比刚开始画画时,他现在已经有了很大进步。至于画画的优势,那可就多了!小亮回想起美术老师的表扬,自己对画画的痴迷,不禁笑了起来。画画对他来说不仅仅是兴趣,更是内心的一种强烈愿望。不画画,简直吃不好睡不香啊!而且,美术班的老师可是中央美院的高才生,课讲得生动有趣,多难得啊!

经过认真的对比分析，小亮清楚地认识到：还是学画画更适合自己。

小亮的脸上又露出了开心的笑容，不仅是因为解决了报哪个班的难题，更让他开心的是：他能通过分析，做出适合自己的决定了！

2 讨论

（1）选择报钢琴班还是美术班时，小亮都考虑了哪些因素？

【说明】先引导学生充分讨论，在学生汇报时，教师可根据学生的回答进行梳理：哪些是考虑自己的愿望（喜好），哪些是考虑自身的优势劣势，哪些是客观事实，哪些是参考同学的建议等。在这个过程中，教师要引导学生体会：当面临选择时，先要明确自己内心的愿望（最喜欢什么），然后充分搜集客观事实，对自己的优势、劣势进行多方面的比较，最后再做决定。

教师可以通过以下几条提示，帮助学生归纳整理：①"我"的愿望、喜好；②"我"的优势；③"我"的劣势；④外在因素。

（2）面对多种选择需要做决定时，小亮的态度是怎样的？

【说明】引导学生理解：小亮在面对多种选择做决定时，态度是客观、理性的，没有消极、盲目、草率地做决定。

（3）当小亮最终做出符合自己内心愿望的决定时，他会有什么感受？

【说明】引导学生体会：当做出符合自己内心愿望的决定时，我们会感到快乐和幸福。

 我在长大

3 活动小结

（1）在确定自己的发展目标时，要根据自己内心的愿望、自身的优势劣势和外在条件理性地做出选择。

（2）当做出符合自己内心愿望的决定时，我们会感到快乐和幸福。

活动二　方法决定我能行（15分钟）

1 情景故事

作文班的困扰

六年级了，小曼的作文成绩总是不理想。妈妈给她报的作文班已经上到第三期了，可她成绩还是没有提高。小曼开始认真思考怎样才能有效提高作文成绩。

星期天早上9点，妈妈第三次来催小曼起床去上作文班。

"妈妈，我不想再去上作文班了。上了这么多次，我作文成绩也没有提高，可见作文班对我提高成绩没什么帮助。"说完，小曼皱了皱眉头，把被子一拉，捂住了头。

妈妈听了，气得火冒三丈，一把掀开小曼的被子，生气地说："叫了几遍都不起来，还找理由，我看你就是偷懒不想去吧？！"

小曼一翻身坐起来，委屈地说："这您可真是冤枉我了！"她边说边从床边书桌的抽屉里翻出一个笔记本，递给妈妈："我根本没偷过懒，每次上课我都认真听讲，还把老师讲的都记下来了呢，您自己看！"

妈妈接过本子翻看着，里面工工整整地记录着每节课的笔记。看来，小曼真的没有偷懒。妈妈的怒气消了一半儿。

"我已经连着上了三期作文课，花了好几千块钱，您最近都不舍得买新衣服了，"小曼心疼地说："上作文课费时费力，每次下课回到家，我都累得筋疲力尽，干什么都没精神。上了这么多节课，最近几次测试，我的作文成绩还是不理想。"

我要做决定

小曼说得很诚恳，也挺有道理。妈妈的心情逐渐平静下来："不上作文班，你有更好的提高成绩的办法吗？"

"方法我肯定能找到！是不是只要我找到合适的方法，就能不去上作文班了？"小曼满怀期待地问。

"好，那就给你一周时间。你要是真能找到提高成绩的好方法，作文班就可以不上了！"妈妈认真地说。

"太棒啦！一言为定！"小曼立刻来了精神。

说干就干！小曼找来几本关于怎样写好作文的书认真研究，可还是没什么头绪。她决定向好朋友小美求助。

周末，她把小美请到家里。小美认真读了小曼的几篇作文，皱了皱眉说："其实你的作文条理挺清晰的，就是描写时用的语言太干巴了，一点儿也不生动。你看咱们班月月的作文，总被当作范文让全班同学欣赏，她的描写就特别生动，你可以学学她的文章啊！"

我在长大

周一早上一到校，小曼就找月月借来作文本，认真研究起来。月月的文章写得真是生动啊！一篇描写春天的作文，她能从视觉、嗅觉、听觉、触觉几个方面去刻画，让人读起来仿佛身临其境。

小曼突然领悟到：要想写好作文，光靠机械地听讲、记笔记是远远不够的，一定要有丰富的生活经历、真实的生活体验和生动形象的语言描绘做支撑。难怪自己上了这么多次课，成绩总也没有提高呢！

放学回到家，小曼迫不及待地冲到妈妈身边，跟她沟通自己想到的提高作文成绩的方法：多读书，积累好词好句；多体验生活，将自己的真实感受写进作文里；让语言描写更细致、更生动。小曼相信，做到了这些，作文成绩一定能提高！

妈妈很赞同小曼的想法，欣慰地说："宝贝，你真的长大了，会自己想办法解决问题了！"小曼搂着妈妈，开心地说："妈妈，以后有什么问题，咱们一定多沟通，您也要多给我机会自己做决定啊！"

2 讨论

（1）小曼是怎样一步步做决定的？

【说明】通过小组讨论，引导学生梳理小曼做决定的具体方法步骤：①根据自己在作文班付出长时间努力而效果不好的事实，推断作文班对自己提高成绩没有帮助；②请好朋友小美帮忙找出自己作文中的问题；③读月月的作文，和自己的作文对比，进一步发现问题；④找到解决问题、提升作文水平的方法；⑤主动与妈妈沟通自己的计划。

（2）如果短时间内小曼的作文水平还是没有明显提升，那她的这个探索过程还有意义吗？为什么？

【说明】通过讨论，引导学生理解：①小曼主动解决问题，总比继续被动地上作文班好；②小曼经过不断探索，找到了作文成绩得不到提升的关键原因；③经过不断尝试，小曼积累了做决定的经验，做决定的能力也得到了提升。最后，教师引导学生归纳出：

我在长大

小曼这个探索过程非常有意义，她主动发现了自己的问题，并找到了出现问题的关键原因，这些都有助于小曼做出能解决问题的决定；可以限定一段时间（如一个月）观察问题解决的成效，根据实际情况再进一步分析、解决问题。

（3）你觉得小曼做决定的过程中有哪些经验值得我们学习？关于做决定，你还有什么建议？

【说明】先让学生充分讨论、交流，然后教师引导学生一起归纳出小曼的经验：第一，实事求是，上作文班效果不好就要调整方法；第二，旁观者清，请好朋友帮助自己发现问题；第三，主动学习同学的优秀作文，从中发现自己的作文不够生活化、视角不够丰富、语言不生动等问题，找到了提高作文水平的方法；第四，将自己发现的问题及解决方法和妈妈进行沟通，得到妈妈的认可。此外，还可以让学生提建议，如主动查阅资料，阅读自己喜欢的文章，找到更多写好作文的方法；拿一篇文章反复修改，联系自己的生活经验，体会写出自己喜欢的文章的感受等。学生的回答只要合理即可，答案不唯一。

（4）小曼做出自己的决定后是什么样的情绪？

【说明】可以引导学生与同桌讨论，充分感受小曼的情绪：①不用再上花了很多时间和金钱还对提高成绩没有帮助的作文班，心情真是舒畅；②能够找到自己的问题和解决问题的方法，让小曼对提高作文成绩充满信心；③得到妈妈的信任，可以自己做决定，让小曼感到骄傲和幸福；④有了对自己负责的责任感，主动寻找解决问题的方法，对自己做决定充满信心。

（5）本课中，小亮和小曼做的决定是同一种类型的吗？

【说明】学生的回答可能很具体，如小亮是决定上什么兴趣班，小曼是决定怎样提高作文成绩。教师要告诉学生这属于决定的具体内容不同，不是类型的不同，并直接告诉学生类型的不同是指：小亮做的决定是关于自己未来发展的方向和目标，因此他做决定的主要依据是自己内心的愿望、自身的优势劣势和外在条件；小曼做的决定是通过什么方法实现目标，因此她做决定的主要依据是采用某种方法的效果，即方法能否实现目标。

3　活动小结

（1）当目标确定时，要根据目标和目前所用方法的效果之间的差距，发现问题，做出调整方法的决定。

（2）做决定时要寻找事实依据，可以求助他人，也可以自己搜集。

（3）当实现目标的方法效果不好时，及时调整会让自己心情舒畅，会做决定能让自己充满自信。

活动三　来到我的生活里（5分钟）

请同学们联系自己的生活想一想：你有自己做决定的事吗？举例说一说。

【说明】提示学生在举例时不要局限在学习方面，可以是生活中其他方面的事，比如养不养宠物、如何在陌生环境交到新朋友等。

我学到了（1分钟）

（1）目标确定时，要根据目标和目前所用方法的效果之间的差距，发现问题，做出调整方法的决定。

（2）在确定自己的发展目标时，要根据自己内心的愿望、自身的优势劣势和外在条件理性地做出决定。

（3）做决定时要寻找事实依据，可以求助他人，也可以自己收集。

（4）当做出符合自己内心愿望的决定时，我们会感到快乐和幸福。

我的练功房（1分钟）

七级功夫第六招：我这样做决定。

我在长大

1 练功目的

学会理性而又幸福地做出自己的决定。

2 练功要领

（1）明确自己要做的决定是属于目标的确定，还是属于方法的选择。

（2）根据自己要做的决定的类型，尝试协调各个方面，综合、客观地做比较，最后做出决定。

我这样做决定

我要做决定的事		
此决定的类型	目标类 □	方法类 □
做决定的依据	1. 内心愿望 2. 自身的优势劣势 3. 外在条件 4. 亲友的建议	1. 方法是否能有效达成目标 2. 方法是否安全、可靠、有保障 3. 自我尝试，查阅资料，亲友的建议
协调各个方面，综合、客观地做比较		
做出最终的决定		

【说明】教师先引导学生明确"我要做决定的事"是什么，提示学生"要做决定的事"越具体越好；接着让学生判断此决定属于目标类还是方法类，在对应的方框中打"√"。如果是目标类决定，就填写练功表格左边一列的项目；如果是方法类决定，就填写练功表格右边一列的项目。教师可先展示一份填好的样例供学生参考，待学生理解后再让他们根据自己的练功情况填写。

第四单元
我有大智慧

我在长大

单元目标

1. 理解小聪明和大智慧的区别。

2. 感受大智慧带来的不一般的快乐与幸福。

3. 知道智慧不仅体现在学业发展和人际交往上，还包括身体健康和生活技能，这些共同构成一个人的生活图景，使我们能智慧地生活、智慧地成长。

4. 了解并能画出自己的生活图景，让自己各方面协调发展。

5. 善于在合作中通过观察与倾听，发现并汲取他人的智慧，促进自己成长。

单元内容结构

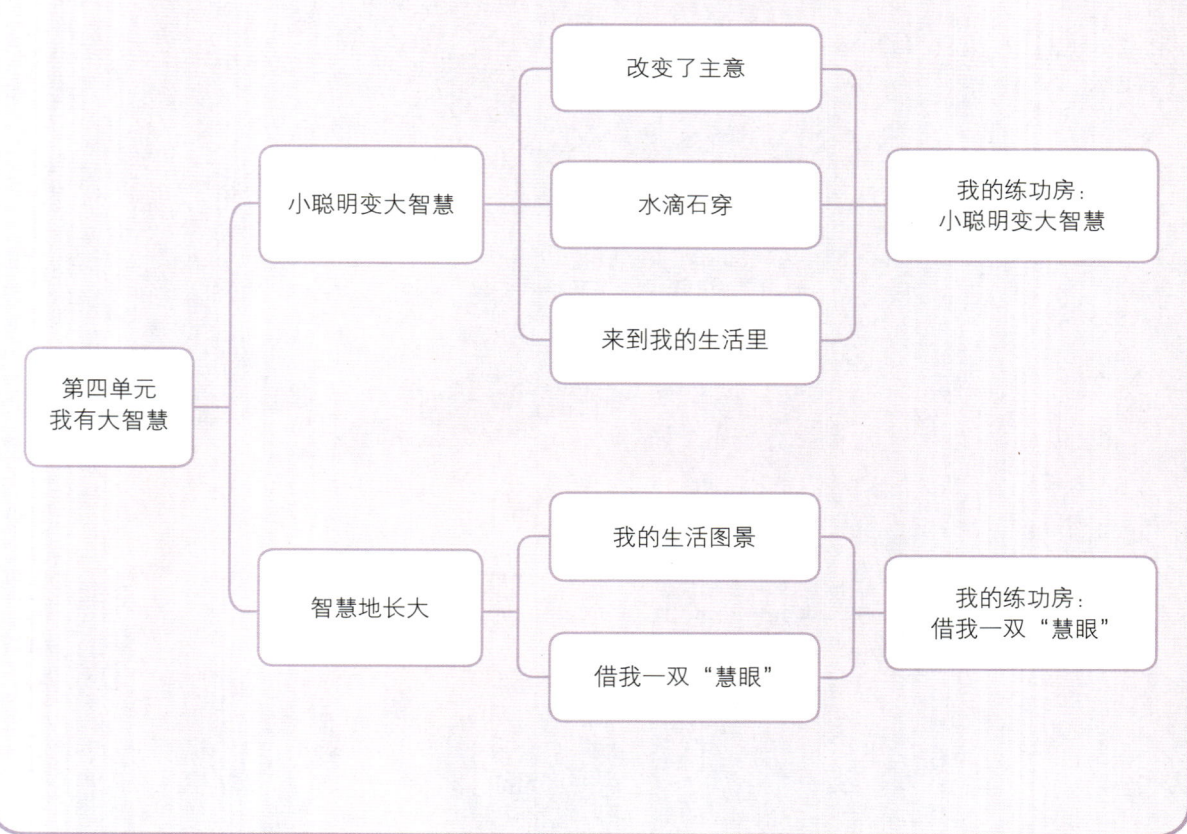

第七课时　小聪明变大智慧

课时目标

1. 理解小聪明和大智慧的区别。
2. 感受大智慧带来的不一般的快乐与幸福。

活动安排

名称	目标	准备	难点
活动一　改变了主意	目标1 目标2	无	理解小聪明和大智慧的区别
活动二　水滴石穿	目标1 目标2	无	知道大智慧是怎么来的、包括哪些方面，感受大智慧让我们快乐成长
活动三　来到我的生活里	目标1 目标2	无	无

日常修炼

七级功夫第七招：小聪明变大智慧。

我在长大

理论依据

小学高年级既是学生身体迅速发育的时期，也是学生认知、思维、情感等发展的重要时期。因此，在这个时期，不仅要让学生多角度考虑问题，还要让学生有开阔的心胸；不仅要发展学生的思维，还要丰富学生的情感；不仅要让学生学会做决定，还要锻炼学生的毅力，让他们能够坚持做事、坚持思考。这个过程就是学生的内心世界从"小"到"大"逐渐成长的过程。本节课的目标就是让学生初步体会这些发展的意义，体会其带来的不一般的快乐和幸福。

开课了（5分钟）

我还记得

你还记得上节课的主题是什么吗？你都学到了什么？

【说明】教师尽量让学生自己回忆，最后出示上节课"我学到了"中的内容即可。

主题：我这样做决定

（1）目标确定时，要根据目标和目前所用方法的效果之间的差距，发现问题，做出调整方法的决定。

（2）在确定自己的发展目标时，要根据自己内心的愿望、自身的优势劣势和外在条件理性地做出决定。

（3）做决定时要寻找事实依据，可以求助他人，也可以自己收集。

（4）当做出符合自己内心愿望的决定时，我们会感到快乐和幸福。

练功分享

七级功夫第六招"我这样做决定"你练得怎么样了？谁愿意和我们分享一下你的练功故事？

【说明】引导学生学会根据练功目的和练功要领评价自己的练功情况。追问学生在练功故事中自己所做的决定是属于目标类还是属于方法类。

导入新话题

在日常生活中，一些看似不起眼的小事，却蕴藏着大智慧。这堂课，我们就一起来聊一聊有关智慧的话题。

我在长大

活动一 改变了主意（15分钟）

1 情景故事

圆满的句号

随着春季运动会一天天临近，各班运动员都在课余时间抓紧训练。大课间时，原来要参加400米接力赛的壮壮走到队友们中间宣布："因为要准备钢琴考级，所以我决定退出这届运动会了！"在这个节骨眼上，听到这条"爆炸性"新闻，队友们炸开了锅。

队长浩浩忍不住大声说道："下周就要开运动会了，你居然现在当逃兵！"壮壮一听"逃兵"，立刻反击道："我是去准备比运动会更重要的钢琴考级，你懂什么！"月月走上前制止道："你们别互相抱怨了，大家一起想想办法吧。"小天见状立刻献上计策："400米接力赛咱们换人！"浩浩叹了口气说："换人？你说得轻松，报名表早就交到学校了，怎么换？"小天眼珠一转，笑着说："私下找人顶替呗，反正咱们不说，别人也不知道。"月月急忙阻止："不行不行，找人顶替的办法不好，要是

其他班同学知道了，会议论咱们的。"月月看看大家，接着又说："我们不能有侥幸心理，万一被发现，不仅会影响咱们班在学校的形象，也违背了运动会公平、公正的宗旨呀！"队友们纷纷点头表示赞同。

月月想了想，对壮壮说："壮壮，还有一个星期就要开运动会了，这可能是咱们小学生活中最后一次集体活动了，你和爸爸妈妈商量一下，合理安排接力赛训练和练琴的时间，还是和我们一起参加运动会吧。我们都需要你的加入！"浩浩也冷静下来，和队友们一起附和着："是啊，我们需要你的加入！"壮壮听了大家的话，决定和大家一起参加运动会。他调整了练琴和参加训练的时间，同时兼顾了运动会和钢琴考级，给美好的小学生活画上了圆满的句号。

2 讨论

（1）听到壮壮宣布要退出运动会，浩浩、小天和月月各有什么反应？他们的反应有什么不同？

【说明】引导学生结合故事中人物的言行谈他们各自的反应。浩浩忍不住大声说道："下周就要开运动会了，你居然现在当逃兵！"由此可以看出，浩浩的反应是"愤怒、责备"。小天出主意"换人"："私下找人顶替呗，反正咱们不说，别人也不知道。"由此看出，小天的反应是"投机取巧、想走捷径"，而且他存在侥幸心理，只看眼前。月月理性地、有原则地说服同学们放弃小天提出的私下换人的主意，这是顾全大局、目光长远、重视公平公正，她对壮壮说的一番话，更是有情有义。

教师可以进一步提问：开始时，壮壮因为要准备钢琴考级决定退出运动会，你觉得他这样做合理吗？引导学生明白：壮壮的个人利益是需要被尊重的，但是在月月的建议下，壮壮在考虑个人利益的同时，也考虑了团队（集体）的利益，这说明他有担当和大局意识。

教师重点要引导学生理解"小聪明"和"大智慧"的区别。浩浩容易受情绪左右，是"情绪型"。小天只顾眼前，想要投机取巧，存在侥幸心理，想出的办法虽然能够暂时解决问题，但这样做的话，同学们内心将会忐忑不安，害怕被揭穿，结果后患无穷，因此是"小聪明型"。月月顾全大局、目光长远、重视公平、有情有义，想出的办法能够彻底解决问题，而且让大家内心感到踏实、快乐、幸福，因此是"大智慧型"。

（2）为什么说他们最后的做法"给美好的小学生活画上了圆满的句号"？你

我在长大

觉得"圆满"体现在哪儿?

【说明】引导学生从以下几个方面理解"圆满的句号":

①此次运动会没人缺席,大家都在。

②没有投机取巧,通过大家共同努力,问题得到了解决。

③每个人都获得了自我成长。浩浩从愤怒到冷静,面对壮壮时,态度也发生了友好的转变;小天从存在侥幸心理、想要走捷径,到放弃了私下换人的主意;壮壮从只顾自己的利益,到做出兼顾个人利益和集体利益的决定,表现出他勇于担当的一面;月月想出的办法圆满解决了问题,下次她有可能还用这种方法解决问题。

④解决问题后,大家的心情是踏实、快乐、幸福的,给小学生活留下了美好的回忆。

3 活动小结

(1)只看眼前、投机取巧、想走捷径、存在侥幸心理是小聪明,耍小聪明将会后患无穷。

(2)目光长远、顾全大局、公平公正、有情有义是大智慧,这样的大智慧让我们安心、幸福。

活动二 水滴石穿(12分钟)

1 情景故事

慢 就 是 快

奇奇从小爱好书法,期待能像老师一样写出一手漂亮的毛笔字。记得初学书法时,他看着高老师在黑板上写范字,一横一竖、一撇一捺,笔画遒劲有力,字形端正,再看看自己的字,笔画留下的墨迹有深有浅,还出现了一排参差不齐的锯齿……。奇奇性子急,想赶紧写出一手漂亮的字,于是就开始摹写老师的字,但只要脱离范字,以前的问题就又回来了,他不禁有些急躁。

书法课上,奇奇认真地问:"高老师,为什么我写出的字会有一排锯齿呢?"高老师耐心地回答:"你还小,手腕的力量不够,如果写字时在手腕处系个小沙包,再多加练习，慢慢就会好转的！"

听了老师的话，奇奇每次练字时都在自己的手腕处系上一根细绳，细绳下面坠着一个小沙包，锻炼腕力。经过一天天练习，奇奇写字时笔画中的锯齿不见了，但捺这一笔写出来还是缺少美感。有什么好办法可以解决呢？他再次去请教老师。面对这个勤学好问的徒弟，高老师一边示范一边说："捺画的难点在于要写出'一波三折'。书写时，起笔要轻，然后向右下方缓缓行笔，逐渐加重，再转笔向右方出锋。你作为初学者，要反复练习、用心体会，感受运笔的细微变化。"说时容易做时难。奇奇一开始练习时，不是写得太平直，就是下笔轻重颠倒，但他一点儿也不气馁。经过一次又一次练习，奇奇不仅学会了捺的写法，还发现了捺的不同变化——平捺、斜捺、反捺。

就这样，奇奇一边写字，一边思考，不断发现自己的不足，不断寻找改进办法。终于，奇奇的字变得遒劲有力、飘逸飞动。

2 讨论

（1）奇奇的愿望是什么？在努力实现愿望的过程中，他经历了哪些情绪变化？

【说明】奇奇的愿望是像老师一样写一手漂亮的毛笔字。在努力实现愿望的过程中，他的情绪依次是：①刚开始练字，当脱离范字问题都来了时，奇奇的情绪是烦躁的；②在一次次练习和思考中，奇奇的情绪是积极平静和耐心的；③最后自己写出了漂亮的毛笔字，奇奇的情绪是舒畅的、满意的。

（2）你觉得故事名"慢就是快"想要表达什么？

【说明】让学生体会：要想写好字，手腕就要有力量，而手腕的力量是慢慢练出来的。手腕有了力量之后，需要掌握运笔的方向和轻重，反复练习，写出汉字的韵律之美。"慢"就是要耐下心来，先仔细观察细节，反复思考，寻找写好字的有效方法，再去反复实践。有了好的基础，后面就能"快"了。这就是大智慧。大智慧让我们成长，带给我们快乐。

我在长大

3 活动小结

（1）做事情时，简单图快、"抄近路"是小聪明。

（2）"慢"就是耐下心来，仔细观察细节，寻找有效办法，反复思考和实践。

（3）"慢就是快"也是大智慧。这样的大智慧让我们踏实，让我们获得真正的成长，带给我们快乐。

活动三　来到我的生活里（6分钟）

你有没有类似的顾全大局或者"慢就是快"的大智慧？请跟我们分享一下吧。

【说明】教师要告诉学生：我们正处于从"小"到"大"的转变中，存在要小聪明的情况是很正常的，不要怕表现出自己的小聪明，现在，我们要学习从小聪明变成大智慧。引导学生通过回忆自己的智慧故事，进一步理解大智慧，体会到大智慧带给他人和自己的快乐与满足。

我学到了（1分钟）

（1）只看眼前、投机取巧、想走捷径、存在侥幸心理是小聪明，耍小聪明将会后患无穷。

（2）目光长远、顾全大局、公平公正、有情有义是大智慧，这样的大智慧让我们安心、幸福。

（3）"慢"就是耐下心来，仔细观察细节，寻找有效办法，反复思考和实践。

（4）"慢就是快"也是大智慧。这样的大智慧让我们踏实，让我们获得真正的成长，带给我们快乐。

我的练功房（1分钟）

七级功夫第七招：小聪明变大智慧。

1 练功目的

学会用大智慧解决问题，体会大智慧带来的不一般的快乐与幸福。

2 练功要领

（1）说明遇到的问题。

（2）反思自己解决问题的方法是小聪明还是大智慧。

（3）如果自己解决问题的方法是小聪明，就要改成大智慧。

（4）体会大智慧带来的情绪感受。

小聪明变大智慧

我要解决的问题	解决问题的方法	小聪明变大智慧	情绪感受

第八课时　智慧地长大

课时目标

1. 知道智慧不仅体现在学业发展和人际交往上，还包括身体健康和生活技能，这些共同构成一个人的生活图景，使我们能智慧地生活、智慧地长大。
2. 了解并能画出自己的生活图景，让自己各方面协调发展。
3. 善于在合作中通过观察与倾听，发现并汲取他人的智慧，促进自己成长。

活动安排

名称	目标	准备	难点
活动一　我的生活图景	目标1 目标2	提前复习《我的幸福法宝》第二课时"跳起我的情绪舞蹈"	理解自我反思既包括对自己不足的反思，也包括对自己生活图景各方面协调性的觉察，积极地看待自己，拥有大智慧
活动二　借我一双"慧眼"	目标3	无	通过倾听与反思，有效汲取他人的智慧，促进自己成长

日常修炼

七级功夫第八招：借我一双"慧眼"。

理 论 依 据

关于自我的分类有很多。例如，詹姆斯（W. James）将"客我"即自己意识到的自我分为物质自我、社会自我和精神自我。沙沃森（R. J. Shavelson）等人将一般自我概念分为学业自我概念和非学业自我概念两种，其中非学业自我概念又分为社会自我概念、情绪自我概念和身体自我概念三部分。

在学生健康自我成长课程体系中，从培养学生自我发展能力这一目标出发，基于能力面向生活的事实，再根据对学生生活的观察，我们将学生自我发展的领域分为学业发展、人际交往、身体健康和生活技能四个方面，这四个方面共同构成学生的生活，我们称其为学生的生活图景。任何一方面缺失或者出现问题，学生的生活和自我都会出现问题，因此，学生健康自我成长的一项重要内容就是能够使这几个方面得到协调发展，形成健康美好的生活图景。这种协调发展需要学生有更大的智慧，有了这样的智慧，学生才能更健康地成长。

另外，我们要善于在与他人的合作交流中向他人学习，完善自我，超越自我，这也是自我成长的大智慧。

不论是绘制自我生活图景，还是洞察合作中他人的优势，内省智能都在其中发挥着重要作用。独立思考，觉察并辩证地看待自己的生活图景，使之不断协调发展；敏感洞察，发现他人的优势与智慧；敢于尝试，促进自己的成长与进步。做到了以上这些，才能真正实现智慧地长大。

开课了（5分钟）

我还记得

上节课中，让你印象最深的是什么？

【说明】教师引导学生回忆，让学生说出上一课的主题，然后师生共同回顾上节课"我学到了"中的内容。

主题：小聪明变大智慧

（1）只看眼前、投机取巧、想走捷径、存在侥幸心理是小聪明，耍小聪明将会后患无穷。

（2）目光长远、顾全大局、公平公正、有情有义是大智慧，这样的大智慧让我们安心、幸福。

（3）"慢"就是耐下心来，仔细观察细节，寻找有效办法，反复思考和实践。

（4）"慢就是快"也是大智慧。这样的大智慧让我们踏实，让我们获得真正的成长，带给我们快乐。

练功分享

当小聪明变成了大智慧，相信我们的体验一定不一般。七级功夫第七招"小聪明变大智慧"你练得怎么样？谁愿意和我们分享一下你的练功故事？

【说明】引导学生学会根据练功目的和练功要领评价自己的练功情况，对学生真实的体验和感悟给予肯定。

导入新话题

2020年初疫情发生时，同学们开启了居家学习的生活。在那段特殊的日子里，发生了一些值得我们思考的事，我们一起去看一看。

活动一　我的生活图景（20分钟）

1　情景故事

小亮的一天

小亮上五年级了，他学习刻苦，成绩好，朋友也不少。

2020年春天，受新冠肺炎疫情的影响，小亮开始了居家学习生活。小亮的爸爸妈妈由于工作原因，不得不去上班，晚上六七点才能回家。平时都是爸爸妈妈照顾小亮，突然要他自己照顾自己，妈妈很不放心，一再叮嘱他。小亮说："妈妈，您放心吧，这些都是小菜一碟。"

独自在家的第一天上午，小亮认真完成了学习任务，心里美美的。接着，他在线上跟小伙伴交流了读书心得和家里的趣事，也很开心。

到中午了，小亮从冰箱里取出妈妈提前给他做好的饭菜，准备加热一下当午餐。他拿出妈妈留给他的纸条，打算按照上面的步骤来做。开始时，小亮很有信心。从没摸过燃气灶的他，学着妈妈的样子开始打火。"奇怪，怎么打不着呢？之前看妈妈做，很简单啊！"小亮一边尝试，一边嘀咕，试了好多次都没成功。妈妈嘱咐过，用燃气时千万注意别漏气。想起漏气，他似乎闻到了一股奇怪的气味，心

我在长大

里开始害怕起来。结果,越怕越打不着火,小亮急得满头大汗。他给妈妈打电话,又试了几次,还是不行。妈妈说:"太危险了,你不要再试了,快开窗通风吧。"就这样,小亮没吃上午餐,只吃了些饼干、喝了点热水充饥。

下午第一节是美术课。画画时,小亮不小心打翻了颜料盘,颜料洒得到处都是,他身上漂亮的白格子T恤更是弄得惨不忍睹。小亮换下衣服,心想:必须处理干净,要不妈妈回来一定很生气。于是,他赶紧把弄脏了的T恤和桌布一起扔进洗衣机去洗,想着等洗完拿出来晾一下就好。谁知,洗完拿出来一看,T恤怎么变了颜色?这下惨了……

从中午到下午,小亮一直在忙活,网课也没好好听。

晚上,妈妈终于回来了。她看看乱糟糟的屋子,又看看憔悴的小亮,既心疼,又哭笑不得。小亮沮丧极了,把憋了许久的不快与委屈向妈妈一股脑儿"倒"了出来。

妈妈先是安慰了小亮,然后,边收拾边教了小亮几个使用洗衣机的小常识。做晚饭时,妈妈手把手地教小亮使用燃气灶的方法。学会之后,小亮的心情好些了。

晚饭后，像往常一样，小亮和爸爸一起锻炼身体。打乒乓球、跳绳他都很在行，爱锻炼的好习惯使小亮在居家学习期间也能保持身体健康。看到爸爸妈妈竖起大拇指，他开心地笑了……

2 讨论

（1）小亮这一天过得好吗？

【说明】 大多数学生会认为小亮这一天过得不好，但也有学生会认为小亮过得还可以。前者主要是认为小亮从中午到下午过得太糟糕了。后者主要是觉得上午小亮过得还是不错的，而且最后解决了问题，也没耽误晚上锻炼身体，最终他的情绪是开心的。这两种看法都有道理。无论如何，我们还是要为小亮一家积极面对和处理问题点赞。我们在生活中都会遇到各种问题，积极面对和处理就好。

（2）小亮这一天中有抑扬顿挫的情绪舞蹈吗？

【说明】 师生共同复习《我的幸福法宝》一书中第二课时"跳起我的情绪舞蹈"的内容。教师可以带学生简略回顾一下故事《俊俊的情绪舞蹈》，帮助学生迅速唤起相关记忆，增进理解。要特别注意的是，"抑"是情绪的控制，"扬"是情绪的抒发，"顿"是在情绪渐趋平静中进行反思和整理，"挫"是因发现新的问题和目标而有些兴奋。

通过回忆和对比，学生会发现，在这个故事中，小亮的情绪缺乏"顿"和"挫"两个环节。教师要引导学生理解，没有"顿"就难有"挫"，小亮没有反思，就难有积极的改进，以后在生活中很可能还会出现问题。

（3）如果你是小亮，此时你应该怎么跳"顿"和"挫"的情绪舞蹈？

【说明】 怎么跳"顿"和"挫"的情绪舞蹈，即小亮怎么进行反思和改进。教师可以带学生通过共情体会小亮的情绪，聚焦小亮遇到的困扰，通过分析找出原因。学生可能会提到小亮下午弄得一团糟是因为他平时不做家务、缺乏生活技能。教师应给予肯定，并进行点拨：我们不仅在学业上需要智慧，在生活中也处处需要智慧，因此，小亮的"顿"就是分析问题找出原因，"挫"就是针对自己的问题制订一个提升自己生活技能的计划。

（4）回顾整个故事，想一想：小亮这一天有没有值得肯定的地方？你对此有什么新的感悟？

【说明】 引导学生跳出"生活技能"的视角，从整体看待小亮一天的经历，综合、客观地看待小亮的各个方面，就会发现，小亮在学业发展、人际交往、身体健康等方面

我在长大

做得都不错。小亮这一天的生活总体来说还是很好的,他的心情也因此再次被点亮。教师要进一步引导学生明白,"顿"不仅包括对自己不足的反思,也包括对自己整体生活的反思,既要能看到自己的不足,也要能看到自己做得好的方面,从而使自己的情绪更为积极,满怀信心地面对未知世界,不断实现自我的发展。这是一种协调发展的大智慧。通过问题(3)和问题(4)逐层深入的讨论,学生对如何智慧地跳好"顿"和"挫"的情绪舞蹈也会有更深的感悟。

③ 绘制我的生活图景

小亮这一天过得好吗?不管对这个问题的看法如何,我们都能从小亮的故事中认识到,学业发展、人际交往、身体健康与生活技能这四个方面共同构成一个人的生活图景。我们每一天过得好不好,与这四个方面是否协调有关。

【说明】教师要引导学生理解:①身体健康是一个人生存和发展的基础,会影响到人的心理状态;②学业良好能让人体会到视野拓展与智慧增加的快乐,会带给个体积极的体验,此处要强调学生的内在动机和主动获得,引导学生关注学业良好带来的自身成长,而不是仅仅为了被认可而努力学习;③好的人际关系会带给学生得到温暖陪伴和被他人需要的幸福体验;④掌握各种生活技能可以使人过得丰富多彩、有滋有味。这四个方面协调发展,我们就能幸福、健康地成长。

你了解自己当前的生活图景吗?在这四个方面,你有哪些优点和不足?请你在下面的四叶草上写一写,在绿色部分写上你的优点,在白色部分写上你的"美中不足",然后和同学一起分享吧。

【说明】 此处让学生通过自我觉察，绘制自己的生活图景。通过引导，要让学生发现，反思是协调生活各个方面的基础。要通过自我反思，找到自己的优点与不足，并评估自己生活图景的四个方面是否协调，进而在未来有意识地促进自身各方面协调发展。

教师也要告诉学生，协调发展并不等于"样样都要好"。每个人在生活图景的四个方面都有长处，也有不足，我们首先要接纳这一点，但我们也不能偏废其中某一个或某几个方面。如果某方面状况太差，也会影响和限制其他方面的发展，同时影响我们整体的生活状态。这也恰恰体现了"协调"的智慧。

我们要积极地去了解自己的生活图景，不断反思，让自己的各个方面协调发展，让我们的生活图景更美好，让我们的每一天过得更幸福。

4 活动小结

（1）学业发展、人际交往、身体健康和生活技能四个方面共同构成我们的生活图景，缺一不可。

（2）反思自己，不仅要看到自己的不足，也要看到自己的优势，努力让自己生活图景的各个方面协调发展，这是一种生活大智慧。

（3）让我们在各方面的协调发展中，更加智慧地长大！

活动二 借我一双"慧眼"（11分钟）

1 情景故事

借我一双"慧眼"

数学课上，老师给出这样一道题目，请同学们思考：

晨光小学原来有一个长方形操场，长50米，宽40米。扩建校园时，操场的长增加了10米，宽增加了8米，请问：操场的面积增加了多少平方米？

老师引导同学们观察了示意图后，提示大家可以用多种方法解这道题。同学们根据题意在原图上画出了增加的部分，此时，大家解决问题的兴趣很浓，纷纷开始思考和演算。

我在长大

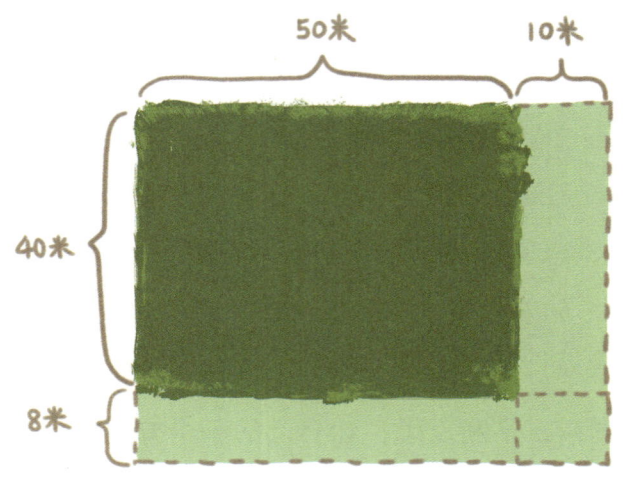

浩浩心想：这道题太简单了！算出长、宽增加后的总面积，再减去原来的面积不就可以了？他快速列式，算出得数，然后得意地左右张望，看其他同学是不是算出答案了。

小曼也很快想到了浩浩用的这种方法，但是她想：老师提示大家有多种解题方法，是不是还有更简便的方法？于是，小曼没有停止思考，而是继续想其他解题方法。忽然，她灵机一动，想到另一个巧妙的解法，露出了开心的笑容。

小雨也想到了浩浩用的那种方法，通过观察示意图，她还想出另一种解法。她用两种方法进行了计算，得数是一致的。看还有时间，小雨又陷入沉思：会不会还有别的解法呢？

思考时间到，数学老师请同学们说说自己的思路。浩浩第一个举手回答，老师表扬他说："浩浩的思路清晰，计算正确，特别好！"听到老师的表扬，浩浩得意扬扬地坐下了。

"还有别的解法吗？"老师问。

看到小雨举手，老师请她回答。小雨不紧不慢地说："根据示意图，我们可以在计算由长的增加带来的面积增加时也考虑宽的增加，在计算由宽的增加带来的面积增加时也考虑长的增加。这样，图中右下角小方块部分的面积就多算了一次，所以在计算增加的面积时，要减去一个右下角小方块部分的面积，列式为：（50+10）×8+（40+8）×10-10×8。"老师说："你能结合示意图思考，思维缜密，不错。"

浩浩有点不明白，心想：啥意思啊？这么简单的题目，小雨干吗整这么复杂？

"还有别的解法吗？"老师试探着问。

这时，小曼自信地举起手，老师请她回答。

小曼说："老师，我还发现一种方法，可以直接计算图中增加部分的面积。

长增加10，增加了10×40的面积；宽增加8，增加了8×50的面积；再加上图中右下角小长方形的面积8×10，就是总共增加的面积，这样也很简单呢。"很多同学都给小曼竖起了大拇指。小雨听得尤其认真，她觉得小曼这种方法又巧妙又简便。

这时，下课铃响了。同学们纷纷走出教室，去操场上活动。小雨没有马上离开，她拿出笔记本，把几种方法认真记下来。写到小曼的方法时，她一边写一边琢磨：我怎么没想到呢？

小曼的方法真妙啊，我要好好学习一下！

 我在长大

小雨边写边思考，全都写完后，她收拾起本子，开心地走向操场……

2 讨论

（1）你觉得这节课下来，谁的进步会更大？这对你有什么启发？

【说明】教师不要有明显的倾向性，让学生充分表达。有学生觉得小曼进步大，因为小曼想出的方法很简便；有学生更肯定小雨的做法，认为小雨虽然开始时没想出更简便的方法，但她爱思考，尝试用多种思路解决问题，尤其善于观察和倾听他人，学习他人独到的方法，这样日积月累，一定会取得更大的进步。教师还可以通过小雨与浩浩的对比，帮助学生进一步体会"借慧眼"的好处。

教师要让学生认识到：遇事不能只关注自己的想法，还要多倾听他人，善于发现他人的智慧，善于"借慧眼"。经常以这种包容、开放的态度向他人学习，就能不断拓展思维，提升自己分析、解决问题的能力，获得大智慧并收获快乐。

（2）你身边有像小曼这样表现智慧的同伴吗？当发现他人展示出超过你的智慧时，你会怎么想、怎么做？

【说明】建议分组交流，请学生结合自己的经历谈一谈，看看自己是否像小雨一样善于观察和倾听，善于向他人学习。

3 活动小结

（1）善于观察和倾听是一种智慧。

（2）通过观察和倾听，我们能发现并汲取他人的智慧，努力完善自己、提升自己，让自己变得更加智慧。

我学到了（1分钟）

（1）学业发展、人际交往、身体健康和生活技能四个方面共同构成我们的生活图景，缺一不可。只有生活图景的各个方面协调发展，我们才能更从容地学习和生活。

（2）反思自己，不仅要看到自己的不足，也要看到自己的优势，努力让自己生活图景的各个方面协调发展。这是一种生活的大智慧。让我们在各方面的协调发展中，更加智慧地长大。

（3）善于观察和倾听是一种智慧，能让我们超越自我、获得成长。

（4）通过观察和倾听，我们能发现并汲取他人的智慧，努力完善自己、提升自己，让自己变得更智慧。

我的练功房（1分钟）

七级功夫第八招：借我一双"慧眼"。

1 练功目的

在观察和倾听中，发现并汲取他人的智慧，促进自己快乐成长。

2 练功要领

（1）学会观察和倾听，发现他人的智慧。

（2）通过自我反思，学习运用这样的智慧。

（3）体会以他人智慧促进自己成长带来的快乐。

借我一双"慧眼"

我的做法与想法	通过观察和倾听发现他人的做法与想法	体会他人的智慧	尝试运用他人的智慧	我的情绪和体会

 我在长大

健康宣言（1分钟）

同学们，学生健康自我成长课程的第七册《我在长大》我们已经全部学完了。在学习这本书的过程中，我们在长大，又探索了如何更加快乐、自信、独立、智慧地长大。让我们共同牢记下面的成长箴言，与正在长大的自己牵手，向着梦想，自信飞翔！

成长箴言

愿留童心永美好，
期许长大乐担当。
拥抱所有享热爱，
自信逐梦沐暖阳。
勇敢决定会沟通，
巧用方法心舒畅。
大智若愚懂坚持，
协调图景智慧帮。
乐长大，慧成长，
爱我心，梦飞扬。

我_____要牢记和掌握成长箴言，快乐、自信、独立、智慧地长大！

宣誓人：_____
_____年_____月_____日

【说明】教师通过富有感染力的语言，带领学生回顾整本书的学习历程，让学生感受长大的神圣与快乐，充满自信地完成对全书核心内容的梳理，热情澎湃地向未来进发。

"大功告成"：我的练功单元（1分钟）

同学们，这学期的课堂学习部分已经结束了，接下来，我们将进入"'大功告成'：我的练功单元"的学习与实践。

我们要练的第一个"大功"是"我想这样做决定"。学习手册中第九课时的后面附有三张练功单，你们可以用来记录自己的练功情况，不够用的还可以向老师要。未来，我们将经历四周的自我练功，同学们要多在小组内交流练功情况。交流时，每个同学都要说说同伴分享的练功故事带给你的感受与启发，大家相互学习、相互促进。

相信通过不断练功与交流，你们对长大会有更多的感悟，也能更加自信、独立、快乐、智慧地成长。

【说明】教师可以向学生出示并强调第一个"大功"的练功目的和练功要领，明确提出"大功"练习的要求和步骤，为后面的"大功"分享与交流做好准备。

第五单元
"大功告成"：我的练功单元

我在长大

单元目标

1. 学会理性而又幸福地做决定。
2. 针对做决定时遇到的困难找到解决办法。
3. 体会在不断做决定的过程中,自己获得了成长。
4. 感悟伙伴智慧及其来源,感受借他人智慧促进自己成长所带来的快乐。
5. 理解深入观察、反复实践、不断反思是运用他人智慧促进自己成长的关键。
6. 体会借"慧眼"可以运用在自己生活图景的各个方面,使自我更协调,让生活更美好。

单元内容结构

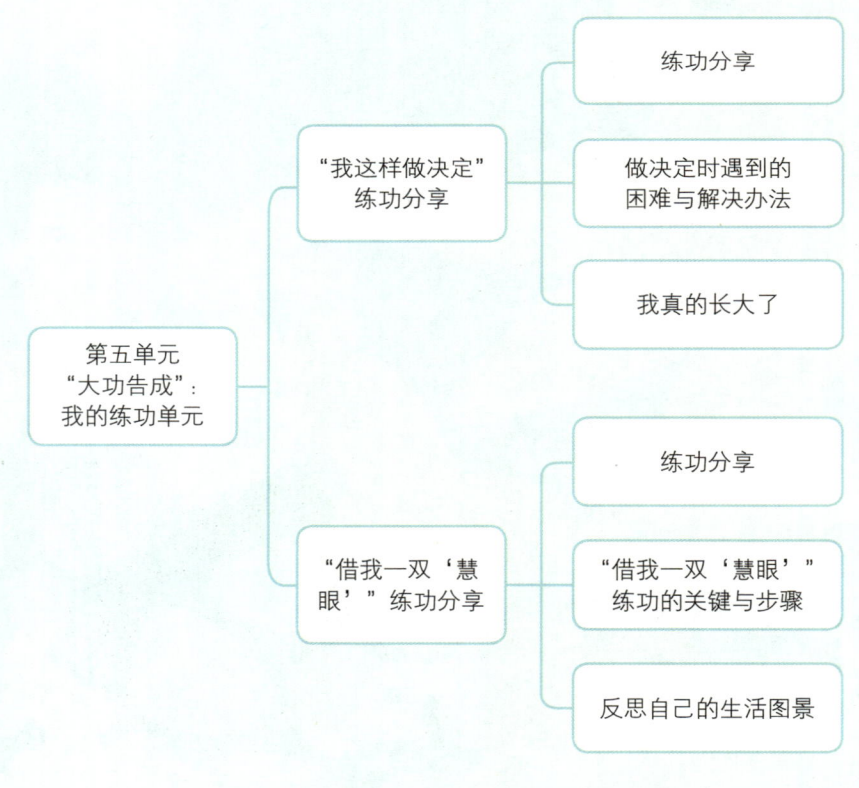

第九课时 "我这样做决定"练功分享

课时目标

1. 学会理性而又幸福地做决定。
2. 针对做决定时遇到的困难找到解决办法。
3. 体会在不断做决定的过程中，自己在获得成长。

活动安排

活动一 练功分享（15分钟）

同学们，在本书第六课时，我们学习了如何理性而又幸福地做决定。谁能介绍一下，你的练功步骤是怎样的？

【说明】请1—2名学生做介绍。

正像你们说的，我们做决定时，先要明确要做决定的事是什么，接着判断要做的决定属于哪种类型，进而找出做决定的主要依据，最后协调各个方面，综合、客观地做比较，做出最终的决定。

现在，请打开"我这样做决定"练功单，跟同学分享一下自己的练功成果。

我在长大

"我这样做决定"练功单

我要做决定的事		
此决定的类型	目标类 ☐	方法类 ☐
做决定的依据	1. 内心愿望 2. 自身的优势劣势 3. 外在条件 4. 亲友的建议	1. 方法是否能有效达成目标 2. 方法是否安全、可靠、有保障 3. 自我尝试，查阅资料，亲友的建议
协调各个方面，综合、客观地做比较		
做出最终的决定		

1 小组分享

同学们，请你们每人选择自己的一次练功在组内进行分享。每个同学分享后，小组其他成员都要说说：在他的练功故事中，哪个情节你印象最深？你感受到了什么？这对你的练功有什么启发？

【说明】为了更深入地讨论、分享，教师可以提前将全部小组分成两部分：一部分小组重点进行"做目标类决定"的交流分享，另一部分小组重点进行"做方法类决定"的交流分享。

引导学生在组内说感受和启发，可以帮助他们更好地倾听和思考。学生通过交流，能更好地掌握"做决定"的练功要领，从而更有效地完成练功。

2 全班分享

请每组选一位代表在全班分享。各组代表在分享完后，请对照练功目的，说说自己做的决定是不是一个理性又幸福的决定，如果是，理性和幸福分别体现在哪儿。其他同学听完后，也可以进行补充或谈谈自己的感受。

【说明】每组选一个自己做决定的练功故事在全班分享，讨论时重点分析理性、幸福体现在哪儿。通过分享讨论，引导学生理解：做决定的"理性"体现在发现问题并不断调整目标或方法、发现自身的优势劣势、客观分析外在条件等方面；做决定的"幸福"

体现为遵从内心的愿望。学生在汇报做决定的主要依据时，可能会结合故事说得很具体，要引导学生进一步明确自己做的决定属于目标类还是方法类。

活动二　做决定时遇到的困难与解决办法（15分钟）

同学们，在自己做决定的练功过程中，你们都遇到了什么困难？又是怎样解决的？请你们根据自己的情况填写下面的表格，稍后请几位同学进行交流分享。

我要做决定的事	此决定的类型 （目标类/方法类）	遇到的困难	解决办法

【说明】引导学生真实、客观、充分地表达自己遇到的困难，展示自己解决问题的智慧。学生的困难可能集中在父母或其他人不同意自己的决定、不知道如何与父母或其他人沟通、目标难以抉择、找不到合适的方法实现目标等方面。要解决这些困难，在确定目标上，要结合收集到的客观事实，认真倾听父母或其他人的需要，思考这个需要是否对自己未来发展有利；在确定方法上，要充分表达自己的想法、需要，充分听取父母或其他人的建议，协调自己的需要和他们的需要，消除他们的顾虑。对于其他困难，也要引导学生积极、主动、充分地思考，尽可能地提出解决困难的办法，并且告诉他们解决困难的办法可能有很多。教师还要帮助学生体会，在解决困难的过程中，自己做决定的能力也得到了锻炼和提升。

我在长大

活动三　我真的长大了（8分钟）

在做决定的过程中，你觉得自己在哪些方面获得了成长？具体说一说。

【说明】请学生充分发言，教师倾听、回应与引导。学生可能从以下几个方面谈感受：第一，以前只从自己的角度考虑问题，只想争取主动权，现在懂得了要考虑别人的感受和需要；第二，过去用撒娇、闹情绪的方式争取主动权，现在懂得如何理性、幸福地做决定了；第三，在做决定的过程中，学会了更客观地看问题；第四，做决定的过程是一个学习的过程，如学习怎样收集信息、整理信息等，因此，也是一个成长的过程。

同学们，通过这节课的练功分享，我们对如何理性而又幸福地做决定有了更多更深的认识，相信你们每个人都有自己的收获。未来，在某个需要做决定的时刻，相信你们也会更加从容不迫。

在不断争取做决定的主动权的过程中，你们慢慢长大了。愿你们都能成长为更加自信的自己。

布置第二个大功分享（2分钟）

同学们，下周我们继续进行"'大功告成'：我的练功单元"的学习与实践。

下一课是"借我一双'慧眼'"练功分享。学习手册第十课时的后面附有三张练功单，你们可以用来记录自己的练功情况，不够用的还可以再向老师要。接下来，我们将经历四周的自我练功，同学们要多在小组内交流练功情况，交流这些练功带给你们的感受与启发，相互学习、互相促进。

相信通过不断地练功与交流，你们会更善于借他人智慧，收获属于自己的成长。

【说明】教师可以向学生强调"借我一双'慧眼'"的练功目的和练功要领，明确提出练功的要求和步骤，为下一个"大功"分享与交流做好准备。

第十课时 "借我一双'慧眼'"练功分享

课时目标

1. 感悟他人的智慧及其来源，感受借他人智慧促进自己成长所带来的快乐。
2. 理解深入观察、反复实践、不断反思是运用他人智慧促进自己成长的关键。
3. 体会借"慧眼"可以运用在自己生活图景的各个方面，使自我更协调，让生活更美好。

活动安排

活动一 练功分享（16分钟）

1 小组分享

在本书第八课时，我们学习了七级功夫第八招"借我一双'慧眼'"。同学们还记得吗？在练功过程中，通过观察和倾听，我们发现了他人的智慧，通过学习、运用这样的智慧，我们收获了成长与快乐。

现在，请每个同学选择一个练功故事在小组内进行分享。

2 全班分享

请各组推荐一名代表在全班分享"借我一双'慧眼'"的练功故事。请同学们听完各组的分享后说一说：你对谁的分享印象最深刻？为什么？

【说明】让学生充分交流。引导学生思考借"慧眼"使人发生了怎样的变化，尤其是当事人情绪的变化，体会借他人智慧促进自己成长所带来的快乐。引导学生深入思考：在他人的智慧背后，是什么样的品质或思维方式在发挥作用？让学生从整体上感受智慧的力量与成长带来的快乐，为后续深入练功做好铺垫。

我在长大

同学们，经过分享我们可以感受到：发现他人的智慧，感悟他人智慧的妙处，进而学习他人的智慧，能让我们更快乐地成长。

活动二 "借我一双'慧眼'"练功的关键与步骤（20分钟）

看来，借一双"慧眼"真的能给我们带来不少惊喜，让我们获得成长。当然，有时它也会给我们带来一些困惑。他人的智慧不是拿来就能用的。能不能运用他人的智慧与什么有关呢？我们一起回顾一下练功过程，从这个过程中去体会。

1 借他人智慧的关键之一：深入观察

（1）有同学说，他借"慧眼"看到了他人的智慧，也照着对方的方法做了，但是并没有对方做得那么好，于是觉得这方法不适合自己，就放弃了。你遇到过类似情况吗？为什么会这样呢？

【说明】有的学生会说，没有对方做得好是由于没有弄清楚对方的方法好在哪里；有的学生会认为别人的方法也许真的不适合自己；也有学生认为自己没做好的原因是自己没有对方聪明。教师应对学生的不当归因进行回应，引导学生以更加开放、积极的态度看待他人与自身的成长。

此外，教师要引导学生结合实例来分析，逐步发现出现这个问题的症结：我们没有全面、细致、深入地去观察他人的关键做法是什么；我们总是被他人的成就所吸引，想去学习对方的智慧，但经常还没真正弄清对方具体是怎么想的、怎么做的就盲目行动。

（2）怎样才能真正看清他人的好想法、好做法呢？

【说明】学生会提到仔细观察与深入思考。教师可以追问：不仔细观察就行动会发生什么后果？从这个角度引导学生理解深入观察的重要性。

由此可见，借他人"慧眼"的关键之一在于要对他人进行深入观察。这种观察是多次的、全方位的观察，且要边观察边思考，找到他人身上真正能为我所用的智慧。

"大功告成"：我的练功单元

2 借他人智慧的关键之二：反复实践

深入观察之后，我们该怎么做？

【说明】学生可能会说应该积极行动。

要真正借他人智慧为我所用，还需要在实践中不断尝试与练习。要在实践中逐步理解他人想法和做法的优势，边实践、边思考、边学习，从而真正掌握他人的方法。

3 借他人智慧的关键之三：不断反思

在我们借他人智慧的行动中，难免会出现一些问题，这时该怎么办？

【说明】学生会提到不断调整做法，追求更好的结果。

不断反思，调整做法，或重新去观察，再实践、再思考、再调整……其实在观察与实践中，也时刻伴随着思考，时刻进步着。在不断的反思与改进中，我们就逐步借到了真智慧。

4 借他人智慧的步骤

我们可以将借他人智慧的过程简洁地概括为"观察—实践—反思"三个步骤。

请你选择一次不太理想的练功，结合下表进一步提升练功效果。

"借我一双'慧眼'"反思练功单

	我的做法与想法	通过观察和倾听发现他人的做法与想法	体会他人的智慧	尝试运用他人的智慧	我的情绪和体会
首次练功					
进一步练功	1.多次全面、仔细地观察他人是怎样做的，甚至询问对方的想法和做法，寻找智慧来源			2.在实践中反复运用他人的智慧	3.不断反思，改进自己的做法

我在长大

谁愿意分享一下你进一步练功的过程与收获？

【说明】引导学生在原有练功的基础上进行更深入的练功。要让学生理解：第一，觉察到他人有好的表现不等于找到了对方的智慧所在，要真正借到对方的智慧还有赖于进一步的观察；第二，他人的智慧能不能为我所用，需要在不断的实践与反思中去找答案。观察—实践—反思，遵循这样的步骤不断探索，很多时候他人的智慧就能为我们所用，我们就能成功借到"慧眼"，实现自我的智慧成长。在这个过程中，学生对"知行合一"的思想也会有初步的感知。

综上可知，深入观察、反复实践、不断反思是我们运用他人智慧促进自己成长的关键；借他人智慧促进自己成长要经过"观察—实践—反思"这一不断循环的过程。

活动三　反思自己的生活图景（3分钟）

前面学过，我们的生活图景包括学业发展、人际交往、身体健康和生活技能四个方面。请你想一想：在前面几次练功中，你学到的他人的智慧分别属于哪个领域？对此你有什么发现？

【说明】引导学生从练功中进一步认识自己的优势和不足，发现自己的生长点，同时进一步理解生活图景的四个方面是相互影响的，提高学生通过不断学习他人智慧让自己生活图景的各个方面协调发展的意识，最终让自己智慧地长大。

同学们，成长无止境，智慧相伴随。相信通过不断的观察与思考，你对自己有了更多的了解，在学习他人智慧的过程中，能进一步协调发展自己生活图景的各个方面，让自己快乐成长。

"大功告成"：我的练功单元

布置假期练功（1分钟）

同学们，这学期的学习到此结束了。希望你们在假期也能坚持练功。练功能让我们保持自我探索与学习，从而更加智慧地长大。假期里，我们主要还是进行"借我一双'慧眼'"的练功，如果你想选择其他内容进行练功也可以。记得记录你的练功故事，开学和我们一起分享。预祝大家假期愉快！

【说明】布置假期练功，为下本书的学习做好衔接。

参考文献

1. 陈立华，胡爱国. 我的幸福法宝 [M]. 北京：教育科学出版社，2020.
2. 傅小兰. 情绪心理学 [M]. 上海：华东师范大学出版社，2016.
3. 戈尔曼. 情商 [M]. 杨春晓，译. 北京：中信出版社，2010.
4. HARRIS. 沟通分析的理论与实务：改善我们的人际关系 [M]. 林丹华，周司丽，译. 北京：中国轻工业出版社，2013.
5. 加德纳. 多元智能新视野 [M]. 沈致隆，译. 北京：中国人民大学出版社，2012.
6. 季苹，崔艳丽，涂元玲. 理解自我：教育文明的基础 [M]. 北京：教育科学出版社，2014.
7. 李红莲，张雪莲. 我的美好时光 [M]. 北京：教育科学出版社，2019.
8. 维果茨基. 维果茨基教育论著选 [M]. 余震球，选译. 北京：人民教育出版社，2005.
9. 杨俐容. 我是 EQ 高手 [M]. 嘉义：耕心文教事业推广有限公司，2013.
10. 詹姆斯. 心理学原理 [M]. 唐钺，译. 北京：北京大学出版社，2013.

出 版 人　李　东
责任编辑　何　薇
插画设计　张亦伦
版式设计　宗沅书装　吕　娟
责任校对　贾静芳
责任印制　叶小峰

图书在版编目（CIP）数据

我在长大 ／ 周晓芳，李晶鑫主编． — 北京：教育科学出版社，2022.2（2023.8重印）

（学生健康自我成长课程 ／ 季苹主编）

ISBN 978-7-5191-2975-0

Ⅰ．①我… Ⅱ．①周… ②李… Ⅲ．①心理健康－健康教育－中小学－教学参考资料 Ⅳ．① G444

中国版本图书馆CIP数据核字（2022）第021018号

学生健康自我成长课程
我在长大
WO ZAI ZHANGDA

出版发行	教育科学出版社			
社　　址	北京·朝阳区安慧北里安园甲9号	邮　　编	100101
总编室电话	010-64981290	编辑部电话	010-64981277
出版部电话	010-64989487	市场部电话	010-64989009
传　　真	010-64891796	网　　址	http://www.esph.com.cn
经　　销	各地新华书店		
印　　刷	中煤（北京）印务有限公司		
制　　作	宗沅书装		
开　　本	880毫米×1230毫米　1/16	版　　次	2022年2月第1版
印　　张	7.75	印　　次	2023年8月第2次印刷
字　　数	116千	定　　价	62.00元

图书出现印装质量问题，本社负责调换。